SV

Band 16 der Bibliothek Suhrkamp

GÜNTER EICH

Träume

Vier Spiele

SUHRKAMP VERLAG

25. Auflage 2021
Erste Auflage 1953
© Suhrkamp Verlag Frankfurt am Main 1953
Alle Rechte vorbehalten, insbesondere das der Übersetzung,
des öffentlichen Vortrags sowie der Übertragung
durch Rundfunk und Fernsehen, auch einzelner Teile.
Kein Teil des Werkes darf in irgendeiner Form
(durch Fotografie, Mikrofilm oder andere Verfahren)
ohne schriftliche Genehmigung des Verlages reproduziert
oder unter Verwendung elektronischer Systeme
verarbeitet, vervielfältigt oder verbreitet werden.
Druck: Pustet, Regensburg
Printed in Germany
ISBN 978-3-518-01016-7

TRÄUME

GEH NICHT NACH EL KUWEHD!

oder

DER ZWEIFACHE TOD
DES KAUFMANNS MOHALLAB

———

MOHALLAB, ein Kaufmann
WELID, sein Diener
JEZID
EINE MAGD
RÄUBER OMAR
TRUG, seine Schwester
SAAD, Fürst der Parsen
SCHIRIN, sein Weib
OKBA, der Henker

Im Freien vor El Kuwehd

MOHALLAB *ruft:* Welid!
WELID *entfernter:* Herr!
MOHALLAB: Reite mit mir voraus!
WELID *näher:* Herr, Ihr seid ungeduldig. Die Tiere sind
  schwer beladen.
MOHALLAB: Ich treibe sie nicht an. Aber meine Sehnsucht
  schleicht nicht auf Kamelsfüßen.
WELID: Fünf Tagereisen nur bis Damaskus.
MOHALLAB: Erst von El Kuwehd aus! Du rechnest ungenau,

Welid. Deswegen auch bist du nicht mehr geworden als mein Diener.

WELID: Ich wünsche mir nichts anderes. Das Rechnen sei bei Euch — Ihr seid der Kaufmann.

MOHALLAB: Bin ich knauserig, Welid?

WELID: Nicht mit Piastern, aber mit der Zeit.

MOHALLAB: Nicht mit Piastern, aber mit der Zeit, das ist wahr. Noch fünf Nachtlager in schmutzigen Herbergen, noch fünf Kerben im Bambusstock, noch fünfmal fünf der Ruf des Muezzin, fünfmal fünf das Antlitz nach Mekka, — aber was kümmerte mich diese Zahl, stünde dahinter nicht — was, Welid?

WELID: Fatime.

MOHALLAB: Fatime. Ja. Sprich von Fatime!

WELID: Herr, sie wird Eure Frau werden, nicht meine.

MOHALLAB: Sprich, als wäre sie deine Geliebte, Welid. Ihr Haar —

WELID: — ist dunkel wie die mondlose Nacht —

MOHALLAB: Warum sprechen nicht alle von ihr? Ich dürste danach, von ihr zu hören.

WELID: Ihr Auge setzt in Flammen, wen sie anblickt.

MOHALLAB: Mehr!

WELID: Ihre Brauen sind gebogen wie das Horn des Mondes. Ihre Wangen sind samten wie der Pfirsich.

MOHALLAB: Du liebst sie, Welid!

WELID: Herr —

MOHALLAB: Sage, daß du sie liebst!

WELID: Ich liebe sie.

MOHALLAB: Gut. Aber wer wird sie besitzen?

WELID: Mohallab, der Kaufmann.

MOHALLAB: Alle lieben Fatime, aber ich werde sie besitzen. Sprich weiter!

WELID: Sie gleicht der Gazelle an Wuchs. Ihre Worte sind lieblich, ihr Mund —

8

MOHALLAB: Still – den Mund kenne nur ich. Aber sag dieses, Welid: Was führen wir aus Indien heim?

WELID: Die Kamele sind beladen mit Seide, mit Teppichen, mit Häuten, mit Gewürz.

MOHALLAB: Und alles –

WELID: Für Fatime.

MOHALLAB: Alles für Fatime.

WELID: Oh, Herr, Ihr schwärmt. Wann käme Fatime in die Speicher?

MOHALLAB: Du Nüchterner!

WELID: Und gehören die Waren nicht Eurem Schwager Hassan und Euch?

MOHALLAB: Und du wirfst mir vor, daß ich rechne, Welid! Hätte ich die Reise gemacht, wenn Fatime nicht wäre? Hätte ich Gewinn gehäuft, wäre sie nicht mein Ziel?

WELID: Gut, daß wir bald nach Damaskus kommen! Müßte ich Euch noch länger täglich sagen, daß ich Fatime liebe, – am Ende liebte ich sie wirklich.

MOHALLAB: Ich befehle dir, sie zu lieben, Welid! Beneideter Besitz ist köstlicher.

WELID *abgewendet:* Herr, ich sehe El Kuwehd.

MOHALLAB: Die Hütten dort im Tal?

WELID: Es ist größer, als es von hier sich ansieht.

MOHALLAB: Halt an, Welid!

WELID: Was ist Euch, Herr?

MOHALLAB: Ich habe diese Häuser schon einmal gesehen.

WELID: Ihr sagtet, Ihr wärt noch nie in El Kuwehd gewesen.

MOHALLAB: Nie.

WELID: Mancher Ort sieht ähnlich aus. Es ist nichts Besonderes daran: Häuser, Gärten, Dattelhaine –

MOHALLAB: Es waren d i e s e Häuser, d i e s e Gärten, d i e s e Palmen, die ich gesehen habe.

WELID: Jeder kennt das: Das Gefühl, man hätte etwas schon einmal gesehen, einen Augenblick schon einmal erlebt.

MOHALLAB: Ich sage nicht, daß es etwas Besonderes sei. Reiten wir weiter!

JEZID *sich nähernd:* Erbarmen, Herr, Erbarmen!

WELID: Ein Bettler.

JEZID: Allah möge Euch schützen! Seht meine Krücken, die Lumpen, die eiternden Schwären! Allah schütze Eure Wohlgestalt und die Eures Weibes! Er schütze Euern Reichtum und Eure Reise!

MOHALLAB: Halt an, Welid! Da!

Klirrend fallen Münzen zur Erde.

JEZID: Herr, Ihr warft mir drei Piaster zu! Ich küsse Euren Steigbügel, ich küsse die Knie Eures Kamels.

MOHALLAB: Weiter!

JEZID: Halt, Kaufmann!

MOHALLAB: Was fällst du mir in die Zügel?

JEZID: Es ist um deinetwillen, Kaufmann.

WELID: Gebt ihm die Peitsche. Er verträgt die Piaster nicht.

JEZID: Hört nicht auf ihn, Herr, hört auf mich!

MOHALLAB: Was siehst du mich so an, Zerlumpter? Wo sah ich deine Augen schon?

JEZID: Nirgends, Herr, und überall.

MOHALLAB: Geh, dein Blick macht mich traurig!

JEZID: Ich gehe, aber höre noch dies, Kaufmann: Wenn du Mohallab bist, geh nicht nach El Kuwehd!

MOHALLAB: Woher kennst du mich? Warum soll ich nicht nach El Kuwehd gehen?

JEZID *sich entfernend:* Lebt wohl, Herr! Allah möge Euch schützen!

WELID: Nun, Herr? Zögert Ihr, weiterzureiten?

MOHALLAB: Nein.

WELID: Also nach El Kuwehd?

MOHALLAB: Sollte ich eines Bettlers wegen umkehren?

Auf der Straße in El Kuwehd

Man hört immer näher das Hämmern in einer Schmiede.

WELID: Warum haltet Ihr, Herr? Die Karawanserei ist am anderen Ende von El Kuwehd.

MOHALLAB: Die Schmiede, Welid!

WELID: Ich dächte, solche hätten wir in Damaskus genug.

MOHALLAB *nachdenklich:* Dieser Augenblick war schon einmal. Wir beide, unsere Kamele anhaltend, auf der schmutzigen Straße von El Kuwehd. Ein räudiger Hund, demütig und feige vor uns im Staub, der Bazar und sein Geschwätz, das Rot eines Teppichs, der aus einem Fenster hängt, und die Schmiede —

WELID: Warum die Schmiede?

MOHALLAB: Ja, dieser Augenblick war schon einmal, und er erfüllt mich mit Trauer.

WELID: Der Bettler vor der Stadt sei verflucht! Seine Worte sind wie Widerhaken. Wie kann man sie herausziehen aus Eurem Herzen?

MOHALLAB: Es war nicht der Bettler. Er sprach nur aus, was mir auf der Zunge lag. Welid, die Schmiede! Und das Hämmern ist mein eigener Herzschlag. Gleich wird etwas geschehen, wovor ich Angst habe, Welid!

WELID *lachend:* Ich sage Euch, Herr, es ist nichts als der Bettler.

MOHALLAB: Ich muß an Fatime denken, das half mir immer! *Als besinne er sich mühsam.* Ihr Haar — ihr Hals — ihr Mund — ach — *Er seufzt.*

WELID: Was, Herr?

MOHALLAB: Auch ihr Bild hat einen Schatten, — ich kann mich nicht deutlich auf sie besinnen, — hilf mir, Welid!

WELID: Das ist leicht, Herr, denn seht die Verscheierte dort, — sie ist von Fatimes Gestalt.

MOHALLAB: Ja —

WELID: Sie scheint auf uns zu blicken.

MOHALLAB: Sie dreht sich um und geht fort.

WELID: Doch vorher winkte sie. Es ist ein Mädchen, das Euch gefällig sein möchte, Herr.

MOHALLAB: Merkwürdig, — das ist Fatimes Schritt. Komm, laß uns sehen, wohin sie geht.

WELID: Herr, was kümmert Euch die Dirne?

MOHALLAB *entfernter:* Komm!

Das Hämmern der Schmiede klingt ferner, Stimmengeräusche des Bazars kommen näher.

MOHALLAB: Sie ist verschwunden.

WELID: Laßt sie, Herr! Reiten wir in die Herberge!

MOHALLAB: Warum sagte der Bettler, ich solle nicht nach El Kuwehd gehen?

WELID: Verscheucht Eure Trübsal! Immer half Euch die Erinnerung an Fatime! Versucht es auch heute!

MOHALLAB: Ich erinnere mich nicht.

WELID: Ihr Haar ist dunkel wie die mondlose Nacht. Ihr Auge setzt in Flammen, wen sie anblickt, ihre Brauen sind gebogen wie das Horn des Mondes, ihre Wangen samten wie der Pfirsich. Sie gleicht der Gazelle an Wuchs —

MOHALLAB: Halt ein, Welid! *Nach einer Pause.* War die Verschleierte nicht Fatime?

Die Geräusche der Straße werden lauter, verschwinden dann.

Zimmer bei Omar

JEZID: Hundertzwanzig Kamele. Geladen sind Seide, Teppiche, Häute, Gewürz.

OMAR: Bewaffnete?

JEZID: Ungefähr fünfzig.

TRUG: Ich winkte Mohallab, und er folgte mir.

OMAR: Schweig!

JEZID: Die Kamele sind entladen, Mohallab und Welid in der Herberge.

OMAR: Die Bewaffneten?

JEZID: Bei den Kamelen.

TRUG: Mohallab gefällt mir. Er hat traurige Augen, das liebe ich.

OMAR: Schweig! Seine Augen werden noch trauriger werden.

TRUG: Aber nicht durch mich, Omar.

OMAR: Auch durch dich, Trug, — Lockvögel enttäuschen.

TRUG: Meinst du?

OMAR: Ich werde dafür sorgen, daß du ihn enttäuschst.

TRUG *lacht.*

OMAR: Du rufst uns, indem die Kerze verlöscht wird.

JEZID: Ich warnte ihn, nach El Kuwehd zu gehen.

OMAR: Du warntest ihn?

JEZID: Er schenkte mir drei Piaster.

OMAR: Jezid, für drei Piaster wirfst du zehntausend hin?

JEZID: Wir werden sie leichter bekommen, denn meine Warnung verwirrte ihn. Dir fehlt es an Einbildungskraft, Omar.

OMAR: Und dir?

JEZID: An den Muskeln. Ich bin zu alt. Aber mir ist mein Kopf lieber.

OMAR: Nun halt ein mit deinem Geschwätz!

TRUG: Wir müssen beide schweigen, Jezid!

OMAR: Wir haben Wichtigeres zu tun.

Er klatscht in die Hände.

TRUG: Warum rufst du die Magd?

OMAR: Willst du Mohallab um Mitternacht wecken lassen?

TRUG: Mir wäre es recht.

Eine Tür geht.

MAGD: Herr, Ihr riefet nach mir.

OMAR: Geh jetzt zu Mohallab!

MOHALLAB: Man hört die Schmiede bis hierher, Welid, — dabei ist sie weit entfernt.

WELID: Es ist Abend, Herr, und es schlägt kein Hammer mehr.

MOHALLAB: Das ist schlimm. Die Nacht wird mir laut. Hörst du die Ratten pfeifen?

WELID: Sie pfeifen in jeder Herberge, Ihr bemerktet es nie.

MOHALLAB: Ich sage dir ja, daß es schlimm ist.
Pause.

WELID: Wollt Ihr schlafen gehen, Herr?

MOHALLAB: Nein. Die Spinnen weben noch. In den Ritzen wachen die Skorpione. Welid, ich werde nie nach Damaskus kommen!

WELID: Allah beschütze Euch, Herr! Welche Gedanken suchen Euch heim?

MOHALLAB: Kennst du mich als Träumer, Welid?

WELID: Ja, wenn Ihr an Fatime dachtet.

MOHALLAB: Still, sprich nicht von Fatime, sie ist in der Nähe, sie hört uns vielleicht. *Flüsternd.* Sie ist in der Nähe, aber ihr Haar ist nicht mehr schwarz wie die Nacht, der Mond ihrer Brauen ging unter, Welid, und der Pfirsich verfault, — ihr Kopf ein beinerner Schädel, mein Welid, leere Augenhöhlen, fleischlos, — aber du wirst sie anders sehen und wirst sie lieben.

WELID: Herr, Ihr fiebert.

MOHALLAB: Wahrscheinlich. Aber sag, ob du mich als Träumer kennst.

WELID: Ihr seid kühl, Herr, und rechnet gut.

MOHALLAB: Sehe ich Gespenster? Bin ich feige?

WELID: Nein.

MOHALLAB: Sahst du mich unentschlossen, weibisch?

WELID: Nie.

MOHALLAB: Das alles bin ich jetzt, seit heute, seit ich von den Hügeln herab El Kuwehd sah.

WELID: Der Bettler!

MOHALLAB: Nicht der Bettler. Ich!

WELID: Ihr seid einmal hier gewesen, ohne es zu wissen. Als Kind vielleicht. Das kommt wieder mit dem Flügel einer Lerche, mit einem Ton, mit einem Geruch.

MOHALLAB *lacht.*

WELID: Warum lacht Ihr?

MOHALLAB: Du bläst die Berge an und meinst, sie sollen fallen.

WELID: Ach Herr, ich werfe eher einen Stein nach dem Schatten.

MOHALLAB: Ist das besser?

WELID: Nein. Aber wohin soll ich werfen?

MOHALLAB: Ich hatte Fatime für meine Träume, so brauchten sie in meinem Leben keinen anderen Platz. Aber in El Kuwehd ist kein Platz für Fatime.

WELID: Herr, so wollen wir aufbrechen, jetzt, — in der Nacht! Die Kamele sind getränkt. Wir reiten ein paar Stunden und lagern am Wege, wie wir es oft getan haben.

MOHALLAB: Nein.

WELID: Kommt, Herr, ich sehe, das ist kein Ort für Euch.

MOHALLAB: Welid, es ist zu spät.

WELID: Zu spät? Seid Ihr nicht frei zu tun, was Euch beliebt?

MOHALLAB: Du hörst es nicht, Welid, wie die Kette geschmiedet wird. Sie wird immer fester.

WELID: Ihr seid krank, Herr.

MOHALLAB: Die Gesunden durchschauen die Welt nicht.

WELID: In einer Stunde ist alles aufbruchbereit.

MOHALLAB: Es ist zu spät. Höre doch!

Man hört draußen Schritte sich nähern.

WELID: Schritte.

Es klopft.

MOHALLAB: Tritt herein!

Die Tür wird geöffnet.

WELID: Was willst du, Weib? Wer bist du?

MAGD: Ich komme zu Mohallab, dem Kaufmann. Seid Ihrs?

MOHALLAB: Ich bins. Wer schickt dich?

MAGD: Meine Herrin.

MOHALLAB: Sie heißt Fatime.

MAGD: Sie winkte Euch, Herr.

WELID: Wir kennen sie nicht.

MOHALLAB: Ich kenne sie.

MAGD: Ihr kennt sie, Kaufmann Mohallab.

WELID: Was wünscht deine Herrin?

MAGD: Nichts von Mohallabs Diener.

MOHALLAB: Was wünscht deine Herrin?

MAGD: Mohallab, der Kaufmann, möge mir folgen, daß ich ihn zu meiner Herrin führe.

WELID: Mohallab ist krank. Er kann nicht kommen.

Pause.

WELID: Ist dir das nicht Antwort genug? Was wartest du? Geh!

MOHALLAB: Ich gehe mit dir.

MAGD: Meine Herrin kennt die Arznei für Eure Krankheit, Mohallab.

WELID: Geht nicht, Herr, geht nicht!

MOHALLAB: Erwarte meine Nachricht, Welid!

WELID: Ich erwarte Euch selbst.

MOHALLAB: Leb wohl, Welid!

WELID: Allah möge Euch schützen, Herr!

MOHALLAB: Allah schützt, wen er will.

MAGD *triumphierend:* Ich gehe Euch voran, ich zeige Euch den Weg!

Sie gehen hinaus.

16

MOHALLAB: Wo ist der Mond?

MAGD: Es ist Neumond, Herr.

MOHALLAB: Schlechte Zeit, um aus dem Hause zu gehen.

MAGD: Gute Zeit für die Liebe! *Sie kichert.*

MOHALLAB: Liebe? Erwartest du, daß ich in diesen Gassen an Liebe denke?

MAGD: Wohlriechend sind sie nicht, Herr, — aber ich führe Euch in ein schönes Haus. Ein ambraduftendes Lager — *Sie kichert.*

MOHALLAB: Mich ekelt dein Lachen, Kupplerin.

MAGD: Räucherkerzen, wenn Ihr wollt. Weiche Teppiche.

MOHALLAB: Schweig!

MAGD: Aber Ihr gingt mit mir.

MOHALLAB: Mich treibt das gleiche, was die Hunde heulen läßt.

MAGD: Das dachte ich mir.

MOHALLAB: Was dachtest du?

MAGD: Wenn es nicht die Wollust ist, ist es die Angst.

MOHALLAB *murmelt:* Es muß noch etwas anderes sein! Die Erinnerung. Die Nicht-Erinnerung, das was auf der Zunge schwebt und nicht über die Lippen will.

MAGD: Ein Zauberwort, wie? Trug wird Euch die Lippen lösen. *Sie kichert.*

MOHALLAB: Trug?

MAGD: So heißt meine Herrin.

MOHALLAB: Es ist nicht m e i n e Herrin.

MAGD: Kam Euch dieser Gedanke? Dann ist sie es. *Sie kichert.*

MOHALLAB: Nein.

MAGD: Habt Ihr Angst?

MOHALLAB: Ich vergaß den Dolch nicht.

MAGD: Den Dolch?

MOHALLAB: Was bleibst du stehen? Sind wir angelangt?

MAGD: Nein, aber mich verwundert es, daß du meintest, eine
Waffe zu brauchen.

MOHALLAB: Verwundert dich das? Dann tat ich recht.

MAGD: Um die Ecke hier.

MOHALLAB: Und wenn ich zurückginge?

MAGD: Hört nicht die Reden meines zahnlosen Maules! Ihr
geht nicht zu mir, sondern zu Trug.

MOHALLAB: Ich bin gewiß, daß ich ein anderes Ziel habe.

MAGD: Welches denn, Herr?

MOHALLAB: Welches? Ich weiß nur, daß ich es habe.

MAGD: So kommt, hier die Stufen hinauf! Hier ist unser
Ziel! *Sie kichert.* Hier durch die Tür! Trug ist vollkomme-
nen Leibes, Herr. Ich führe Euch zur Vollkommenheit.
*Man hört die Schritte der beiden über Treppen und durch
Gänge. Sie halten an. Ein Vorhang wird mit metallischem
Klirren zurückgezogen.*

MAGD: Herrin, ich bringe Euch Euren Gast!

TRUG: Gut, laß uns allein.
*Pause, während der man draußen Schritte sich entfernen
hört.*

TRUG: Ich grüße dich, Mohallab.

MOHALLAB: Ich grüße dich, Trug.

TRUG: Komm näher.

MOHALLAB: Tu deinen Schleier ab, Trug, daß ich dein Gesicht sehe!

TRUG *mit leisem Lachen:* Du wirst enttäuscht sein.
Pause.

TRUG: Nun? Was schaust du mich so prüfend an?

MOHALLAB: Ich kenne dich nicht.

TRUG: Woher auch?

MOHALLAB: Ich erwartete aber, dich zu kennen.

TRUG *lachend:* Weil ich dich rufen ließ?

MOHALLAB: Nein, — nicht dich zu kennen, aber mich auf dich
zu besinnen.

TRUG: Ich bin kein Geist, Mohallab. Sieh her, ich habe Hände, Haut, Hals — warum ziehst du deine Hand zurück?

MOHALLAB: Deine Haut verbrennt mich.

TRUG: Laß dich verbrennen!

MOHALLAB: Verbrennt mich, wie mich Eis verbrennt.

TRUG: Eis ist selten in unserm Land. Ich kenne es nicht. Du bist weit gereist.

MOHALLAB: Du bist wie Eis, weil ich fürchte, daß irgendwo in dir die Erinnerung lauert. Ich ahne, daß die Erinnerung schrecklich ist.

TRUG *lächelnd:* Mohallab!

MOHALLAB: Aber vielleicht bin ich deswegen nach El Kuwehd gekommen.

TRUG: Ja, deswegen.

MOHALLAB: Ich fiebere. Ich weiß nicht, ob es mein Leib ist. Ich würde ihn verachten dafür.

TRUG: Willst du essen, trinken?

MOHALLAB: Nichts.

TRUG: Komm näher, Mohallab, setz dich zu mir!

MOHALLAB: Wundert es dich nicht, daß ich kam?

TRUG: Wundert es dich nicht, daß ich dich rief?

MOHALLAB: Ich hörte den Hammer in der Schmiede, ich hörte das Geheul der Hunde, ich hörte Welid, meinen Diener. Alles warnte mich, aber es stieß mich auch fort —

TRUG: Zu mir.

MOHALLAB: Aus dem Sicheren fort.

TRUG: Aber warum?

MOHALLAB: Warum?

TRUG: Weil du ahntest, daß ich schön bin? Weil ich dir winkte? Sag ja!

MOHALLAB: Nein.

TRUG: Lüg wenigstens!

MOHALLAB: In Persien erlebte ich ein Erdbeben. Kennst du das, wenn die Erde nicht mehr sicher ist, auf der du stehst?

TRUG: Meine Erde ist sicher.

MOHALLAB: Ich müßte wissen, wer es dir eingab, mir zu winken.

TRUG *schnell:* Niemand.

MOHALLAB: Niemand, aber wer ist das?

TRUG: Es war eine Laune, — weil du mir gefielst. Der Hauch Allahs, wenn du willst.

MOHALLAB: Der Hauch Allahs, — und das sagst du so hin.

TRUG: Ich winkte dir aus dem gleichen Grunde, aus dem du kamst.

MOHALLAB: Dann müßtest du nachdenken, woher du mich kennst.

TRUG: Vielleicht kenne ich dich.

MOHALLAB: Woher?

TRUG: Aus meinem Traum.

MOHALLAB: Ich muß mehr von dir wissen, — dann werde ich den Schlüssel finden.

TRUG: Ach, nichts wissen, Mohallab! Ich will nicht, daß du etwas weißt. Mein Mund, meine Haut, mein Haar ist da für dich. Das ist genug.

MOHALLAB: Ich will wissen, in wessen Leben ich gehöre, Trug. In El Kuwehd begriff ich, daß ich zu sicher war. Nie vordem war ich hier. Oder eben doch?

TRUG: Jetzt gehörst du in mein Leben.

MOHALLAB: Wann kamst du nach El Kuwehd?

TRUG: Frage nicht, Mohallab! *Leise.* Ich möchte nicht lügen.

MOHALLAB: Warum müßtest du lügen?

TRUG: Ich müßte. Laß es damit genug sein.

MOHALLAB: Was in dir ist, ohne daß du es weißt, das muß ich dir entreißen.

TRUG: Ich fürchte mich vor dir, Mohallab.

MOHALLAB: Wir fürchten uns voreinander.

TRUG: Ich wollte, daß du anders bei mir wärst.

MOHALLAB: Ich bin nicht gekommen, um dich zu lieben, Trug.

TRUG: Wie kannst du anders etwas erfahren?

MOHALLAB: Lügst du dann weniger?

TRUG: Und wenn es das nun wäre: Daß ich lüge?

MOHALLAB: Sprich weiter!

TRUG: Ich spreche schon zuviel.

MOHALLAB: Das wäre es also: Daß du lügst!

TRUG: Vergiß, was ich sagte.

MOHALLAB: Ich nahm diesen Dolch mit zu dir, weil die Nacht finster war. Hier ist Licht, aber es ist noch finsterer.

TRUG *ängstlich:* Nein, nicht den Dolch!

Mohallab wirft den Dolch von sich, daß er klirrend zu Boden fällt.

MOHALLAB: Ich werfe ihn von mir. Sieh, ich bin wehrlos. Jetzt kannst du alles sagen.

TRUG: Wie soll ich dir sagen, was ich nicht weiß, Mohallab?

MOHALLAB: Umschlinge mich nicht mit deinen Armen. Sei barmherzig.

TRUG: Still! Ich weiß, wie ich es dir sagen kann. Wenn du mich umarmst, wirst du alles wissen. Nein, geh nicht fort! Mohallab, die Zeit ist kurz.

MOHALLAB: Die Zeit ist kurz? Begann nicht eben erst die Nacht?

TRUG: Sie vergeht schnell.

MOHALLAB: Aber hör, was ich dir sage: Du mußt sterben, wenn du dein Geheimnis nicht preisgibst!

TRUG: Ja, dann laß mich sterben! Lösche die Kerze, Mohallab!

Mohallab bläst die Kerze aus.

TRUG: Hier meine Hand, — mein Mund —

OMAR *laut:* Mohallab!

TRUG *seufzend:* Es ist zu spät.

OMAR: Herein mit den Fackeln!

Man hört Schritte und das Brennen der Fackeln.

MOHALLAB: Was bedeutet das, Trug?

OMAR: Es bedeutet, Mohallab, – daß ich deinen Dolch aufhob und in meinen Gürtel tat.

MOHALLAB: Wer bist du?

OMAR: Fesselt ihn!

MOHALLAB: Hunde!

Er wehrt sich, stöhnt, wird überwältigt.

OMAR: Warum wehrst du dich, Dummkopf, – willst du gegen zwanzig kämpfen?

MOHALLAB: Wußtest du das, Trug?

TRUG: Ich wußte es. Deswegen ließ ich dich rufen.

MOHALLAB: *lachend:* Freilich, du sagtest ja, daß du lügst.

TRUG: Ich log, aber ich war auch ehrlich, Mohallab.

MOHALLAB: Was wollt Ihr?

TRUG: Geld.

MOHALLAB: Ich habe kein Geld.

OMAR: Du mußt das nicht so wörtlich nehmen. Du kamst mit einer Karawane.

MOHALLAB: Ich kann über die Waren nicht allein verfügen.

OMAR: *ironisch mitleidig:* Oh – oh – Mohallab – darüber machen wir uns keine Gedanken.

MOHALLAB: Warum habt ihr die Karawane nicht überfallen?

OMAR: Wir hoffen, daß es so einfacher geht. Wir sind nicht dafür, ein besonderes Aufsehen zu erregen. Hast du dich inzwischen beruhigt? *Pause.* Ich würde dann nämlich vorschlagen, deine Fesseln zu lösen. Ich möchte mich freundschaftlich mit dir unterhalten und einigen.

MOHALLAB: Das Angebot deiner Freundschaft rührt mich.

OMAR: Danke! – Löst ihm die Fesseln!

MOHALLAB: Ein schlichter Hinterhalt. Mich beruhigt diese Räuberei.

OMAR: Nicht wahr, ein ehrlicher Räuber ist beruhigender als eine ungewisse Zukunft. Wir werden uns prächtig verstehen.

TRUG: Du bist schnell zu beruhigen, Mohallab.

MOHALLAB: Enttäuscht dich das?

TRUG: Ja.

OMAR: Ich schlage vor, daß du auf diesem Teppich Platz nimmst, Mohallab. Trug wird etwas entfernter von dir sein als vorher. Aber was schadet das? Sie hat keine Geheimnisse mehr für dich.

MOHALLAB: Auch du rückst weit ab. Hast du Angst? Mit zwei Dolchen im Gürtel!

OMAR: Zwei Wächter hinter dir. Einer rechts, einer links.

MOHALLAB: Vier Bewaffnete für einen Kaufmann? Zuviel Ehre.

OMAR: Wir wissen, was sich für einen hohen Besuch schickt. Sitzest du bequem?

MOHALLAB: Du bist sehr gütig.

OMAR: Es täte mir leid, wenn dich die Fesseln gedrückt hätten. Eine Salbe gefällig?

MOHALLAB: Du überschüttest mich mit Wohltaten. Aber ich fühle mich gut, ich brauche nichts.

OMAR: Keinen Kuchen? Keinen Becher Kamelmilch?

MOHALLAB: Fang endlich an!

OMAR: Also beginnen wir! *Er seufzt.*

MOHALLAB: Nun?

OMAR: Versteh, daß ich das so lange hinauszögere wie möglich. Ich bin ein fein empfindender Mensch. Ich bin nicht so geeignet für das Geschäftsleben wie du. Ich liebe Verse.

MOHALLAB: Ah!

OMAR: Höre!

> Gewöhne deine Hände,
> zu geben Spend um Spende,
> so gibst du leicht am Ende
> dein Leben selber auf.

MOHALLAB: Ein guter Rat.

OMAR: Nicht wahr? Hariri schrieb ihn im dreißigsten Jahre seines Lebens.

MOHALLAB: Es ist immer erfreulich, mit gebildeten Menschen zusammenzutreffen.

OMAR: Ganz meinerseits. Was ich aber damit sagen wollte, Mohallab: Im dreißigsten Lebensjahre also dachte Hariri an sein Ende. Die Lehre, die man daraus ziehen kann, ist offenbar diese: Man soll frühzeitig an das Ende denken. Wie alt bist du, Mohallab?

MOHALLAB: Alt genug also, um an das Ende zu denken.

OMAR: Ich sehe, du verstehst es, die Verse für das Leben anzuwenden. Höre Hariri nun weiter:

> Begnüge dich mit Kleinem und sei dankbar!
> Genügsamkeit vergrößert kleine Späne.
> Vermeide Gier! Der Geier ist verachtet,
> unedel die gefräßige Hyäne!
> Dein Kleid, zerrissen seis, nur deine Seele
> sei fleckenlos wie das Gewand der Schwäne!

MOHALLAB: Diesmal offenbar schrieb Hariri für dich.

OMAR: Nicht doch! Solche Sätze, die Gold wert sind, beanspruchen wir nicht für uns, – wir verschenken sie an unsere Gäste.

MOHALLAB: Ah, bist du mein Gastfreund?

OMAR: Sitzest du nicht auf weichem Teppich? Boten wir dir nicht Kuchen und Kamelmilch?

MOHALLAB: Und die Fessel.

OMAR: Warum sprichst du nicht weise, Mohallab? Warum erinnerst du mich an den Schatten, der unsere Freundschaft trübte?

MOHALLAB *ungeduldig:* Also gut, – ich bin dein Gast.

OMAR: Und wirst es noch lange bleiben, hoffe ich.

MOHALLAB: Wie lange?

OMAR: Du fragst so ungeduldig, hast du etwas Eiliges vor?

MOHALLAB: Leider eine dringliche Reise nach Damaskus.

OMAR: Unmöglich, Mohallab, daß du so schnell von uns scheidest. Trug wäre untröstlich. Trug!

TRUG: Ich wäre untröstlich.

MOHALLAB: Mir geht es ebenso.

OMAR: Wirklich? Oh, das freut mich.

MOHALLAB: Aber ich weiß nicht, wie ich die Reise aufschieben soll.

OMAR: Oh, mach dir deswegen keine Sorge, das wissen wir.

MOHALLAB: Wie?

OMAR: Indem du deinem Diener, — Welid heißt er wohl? — ein tüchtiger Mensch, nicht wahr?

MOHALLAB: Gewiß.

OMAR: Um so besser wird er deine Befehle ausführen.

MOHALLAB: D e i n e Befehle!

OMAR: Sprich weise, Mohallab, — denk an unsere Freundschaft!

MOHALLAB: Welche Befehle also?

OMAR: Nun, ich dachte, daß wir vielleicht deine Kamele in Obhut nehmen. Wir behandeln sie gut, und auch den Waren geschieht kein Schaden.

MOHALLAB: Alles, was ich für Fatime kaufte, — ein halbes Vermögen!

OMAR: Ein halbes Vermögen nur? Wie viele verloren das ganze! Denk an Hariri: Begnüge dich mit Kleinem und sei dankbar!

MOHALLAB: Nein.

OMAR: Warum gibst du nicht freiwillig, was du doch verlierst!

MOHALLAB: Verliere ich es?

OMAR: Etwas verlierst du auf jeden Fall. Entweder die Kamele und deine Waren oder —

MOHALLAB: Oder?

OMAR: Aber Mohallab, hast du die Lehre Hariris schon vergessen?

> So gibst du leicht am Ende
> dein Leben selber auf.

MOHALLAB: Gib mir einen Tag Bedenkzeit.

OMAR: Oh, leider müssen wir El Kuwehd noch heute nacht verlassen, — du wirst nicht gern mit uns gehen wollen.

MOHALLAB: Sprachst du nicht von der Hoffnung, mich noch lange als deinen Gast zu sehen?

OMAR: Es ist nicht weise, den Freund auf Widersprüche zu stoßen. *Plötzlich hart.* Soll ich dich wieder fesseln lassen? Du kannst auch das haben.

TRUG: Ruhig, Omar! Mohallab verweigert uns nichts.

MOHALLAB: Ich bin in deiner Hand. Es sei also.

OMAR: Mohallab, mein lieber Freund, mein Blutsbruder!

MOHALLAB: Was also soll geschehen?

OMAR: Bringt Tinte und Feder! — Du wirst einen Brief an Welid schreiben, daß er die Kamele mit den Waren hierherführt, daß er die Begleitmannschaft entlohnt und entläßt, und daß du ihm dann weitere Befehle geben wirst.

MOHALLAB: Und kein Wort der Erklärung dabei?

OMAR: Wir wollen Welid nicht unnütz in Aufregung stürzen. Diener sind nicht verpflichtet, die Gemütsbewegungen ihrer Herren zu teilen.

TRUG: Den Boten!

OMAR: Hast du geschrieben?

MOHALLAB: „ — ohne Verzug hierher zu führen."

OMAR: Ohne Verzug ist gut. Du überbietest mich in der Wahrnehmung meines Vorteils.

MOHALLAB: Es ist der meine. Ich will frei sein.

OMAR: Gestatte, daß ich das lese!

MOHALLAB: Freunde haben keine Geheimnisse voreinander.

OMAR: Du bist ein Schatz an Weisheit. Ich werde davon lernen.

MOHALLAB: Ich fürchte, ich bin nicht immer weise.

OMAR: Und nun fort mit dem Brief!

Die Schritte eines Mannes entfernen sich.

OMAR: Wie wäre es nun, Mohallab, wenn du dich etwas ausruhtest? Es wird einige Stunden dauern, bis die Kamele hier sind. Ich weise dir ein Gemach an, wo du schlafen kannst, zum mindesten bist du allein. Und du weißt ja, daß manches Gute aus dem Alleinsein kommt.

MOHALLAB: Laß mich dorthin führen.

Vor der Karawanserei

WELID: Kenne ich dich nicht?

JEZID: Woher?

WELID: Vor der Stadt begegnete uns ein Bettler. Er war räudig und hinkte, aber er sah dir ähnlich.

JEZID: Willst du einen räudigen Bettler in mir sehen?

WELID: Ich sehe in dir, was du bist.

JEZID: Dann wärst du Allah gleich.

WELID: Fertig die Kamele?

JEZID: Du siehst doch, es ist alles bereit.

WELID: Wohin geht der Weg?

JEZID: Wohin ich dich führe.

WELID: Ich glaube euch allen nicht, aber es ist die Schrift Mohallabs.

Zimmer bei Omar

Eine Tür geht.

OMAR: Verzeih, Mohallab, daß ich deinen Schlaf störe.

MOHALLAB: Ich schlief nicht.

OMAR: Du hörtest gewiß von draußen, daß die Tiere ankamen, und den Lärm der Treiber.

MOHALLAB: Ist alles fertig?

OMAR: Beinahe. Und Welid wartet auf deine Befehle.

MOHALLAB: So laß mich zu ihm.

OMAR: Du beklagtest dich vorhin, daß wir dich nicht einluden, länger unser Gast zu sein. Ich habe es mir überlegt. Du kannst bleiben.

MOHALLAB: Was soll das heißen? Du versprachst, mich frei zu lassen. Hältst du so dein Wort?

OMAR: Mohallab, wir sehnen uns danach, deiner Weisheit noch länger teilhaftig zu bleiben, Trug sowohl wie ich. Trug ist übrigens meine Schwester, — wußtest du das? Sie ist niemandes Weib.

MOHALLAB: Es ist mir gleichgültig.

OMAR: Schade, sie liebt dich so sehr. Wir würden uns beide freuen, wenn du bliebest.

MOHALLAB: Nein.

OMAR: Ich sagte dir schon einmal: Warum gibst du nicht freiwillig, was du doch geben mußt? Wie willst du gehen, wenn ich es nicht will?

MOHALLAB: Dein Wort!

OMAR: Das Wort eines Banditen gilt nicht viel.

MOHALLAB: Wie lange also?

OMAR: Bis Welid zurück ist.

MOHALLAB: Zurück? Woher zurück?

OMAR: Von Damaskus. Woher sonst?

MOHALLAB: Sprich genauer, Omar!

OMAR: Verlorst du nicht mit der Karawane ein halbes Vermögen?

MOHALLAB: Das sagte ich und so ist es.

OMAR: Nun fehlt uns noch die andere Hälfte, Mohallab. Ich dachte, daß Welid sie uns bringt. Wenn er sie gebracht hat, müßten wir dich freilich schweren Herzens mit ihm ziehen lassen.

MOHALLAB: Als Bettler.

OMAR: Vertrau du der verhüllten Hand,
          die keinen führt nach seiner Wahl.
          Und sei auf Wechsel stets gefaßt,
          denn Wechsel heißt das Weltschicksal.

MOHALLAB: Immer wieder Hariri.

OMAR: Harr aus im Leid, bis ihm zu weichen
der heißt, der ihm zu nahn befahl.

MOHALLAB: Ein immer brauchbarer Dichter.

OMAR: Sagen wir: Zehntausend Piaster.

MOHALLAB: Eine hübsche runde Summe.

OMAR: Nicht wahr?

MOHALLAB: Und wer soll sie aufbringen?

OMAR: Ich hörte, du habest mit Hassan, deinem Freund, ein
Handelshaus in Damaskus. Seine Schwester solle deine
Frau werden. Man wird, um seinen Schwager vom Tode
zu retten, zehntausend lumpige Piaster übrig haben. Ich
nehme an, dein Anteil am Geschäft ist viel größer.

MOHALLAB: Kleiner.

OMAR: Dann müßte die Differenz auf Pietät gebucht werden.
Jedenfalls dachte ich, lieber Mohallab, Freund und Blutsbruder, du schriebest einen Brief, den Welid nach Damaskus
bringt. *Er klatscht in die Hände und ruft:* Tinte, Papier!

MOHALLAB: Ich möchte Welid sprechen.

OMAR: Oh, das ist nicht nötig, er macht das alles recht und
zu deiner Zufriedenheit. Ich sage ihm genau Bescheid, wohin er das Geld bringen soll. Und dann, lieber Mohallab,
schreibe an Hassan auch, du wärest Räubern in die Hände
gefallen. Vielleicht macht das die Sache eiliger. Es ist zwar
eine Lüge —

MOHALLAB: — aber Allah wird die Lüge verzeihen.

OMAR: Du weißt meine Worte, bevor sie die Lippen verlassen. Ja, es ist wie du sagst, und zudem nehmen wir es dir
nicht krumm, wenn du uns mit einem so häßlichen Wort
benennst — wo wir doch deine zärtlich besorgten Gastgeber
sind. — Oh, ich sehe, du schreibst schon, — wirklich, du bist
weise, Mohallab!

JEZID: Was klagst du, Mohallab? Ich sagte dir: Geh nicht nach El Kuwehd!

MOHALLAB: Einen Monat ist Welid unterwegs. Vielleicht findet er uns nicht.

JEZID: Er findet uns.

MOHALLAB: Wo sind wir jetzt?

JEZID: Ich weiß es nicht. Wir kommen so viel umher. Ich behalte die Namen schlecht.

MOHALLAB: Ich vermute, daß wir nicht weit vom Euphrat sind.

JEZID: Möglich.

MOHALLAB: Wenn du auch Namen nicht weißt, du weißt mehr als die andern. Was begegnete mir in El Kuwehd?

JEZID: Bemerktest du es nicht?

MOHALLAB: Nur eine Gefangenschaft, eine Erpressung?

JEZID: Genügt dir das nicht?

MOHALLAB: War es nicht mehr, Jezid?

JEZID: Du sahst ins Tal, es ging abwärts. Vielleicht erwartete dich die Armut.

MOHALLAB: Die Armut gewiß.

JEZID: Betrübe dich deswegen nicht. Ich werde dir die drei Piaster schenken, die du mir einst zuwarfst.

MOHALLAB: Danke.

JEZID: Es gibt immer mehrere Wörter für das gleiche. Suche dir für Armut ein anderes aus!

MOHALLAB: Eines, das mir besser schmeckt?

JEZID: Die meisten leihen sich ihr Dasein, und daß sie es eines Tages zurückgeben müssen, verwundert sie.

MOHALLAB: So werde ich das sein, was ich wirklich bin?

JEZID: Wenn du das erreichst, bist du reich.

MOHALLAB: Ich werde nach Damaskus zurückkehren. Hassan und Fatime werden mir helfen, und wenn Allah mir gewogen ist, habe ich den Verlust in einigen Jahren wieder wettgemacht.

JEZID *lacht.*

MOHALLAB: Warum lachst du, Jezid?

JEZID: Dann wärst du umsonst nach El Kuwehd gegangen.

MOHALLAB: Umsonst? Für zwanzigtausend Piaster.

JEZID: Wenn du es nach Piastern zählen kannst, war es billig. Aber ich fürchte, Mohallab, du kommst nicht so billig davon.

MOHALLAB: Wie meinst du das?

JEZID: Du mußt noch etwas bezahlen, wofür keine Piaster genommen werden.

MOHALLAB: Was also, Jezid?

JEZID: Ich weiß es nicht. Aber ich habe eine Ahnung, daß es sein müßte.

MOHALLAB: Woher kommt sie dir?

JEZID: Ich lese sie aus deinem Gesicht. Du betäubst dich mit Hoffnungen.

MOHALLAB: Sei still! Ich glaube dir nicht.

JEZID: Das tatest du schon einmal. *Abgewendet.* Sieh dort, drei Reiter!

MOHALLAB: Zwei Reiter. Es sind Omar und Trug.

JEZID: Und ein leeres Pferd. Welid ist nicht dabei.

MOHALLAB: Hast du Welid erwartet? Ich erwarte nur meine Freiheit.

JEZID: Meinst du, daß sie mit diesen Reitern käme? *Pferde nähern sich und halten an.*

JEZID: Ein Pferd ohne Reiter?

OMAR *mürrisch:* Wir haben Welid nicht gesehen.

MOHALLAB: Er kam nicht?

OMAR: Er muß wohl gekommen sein. In der Herberge gab man uns einen Brief.

TRUG: Wir suchten Welid, aber wir fanden ihn nicht.

JEZID: Und das Geld?

OMAR: Gib Mohallab den Brief. Er soll ihn lesen.

MOHALLAB: Er ist sehr kurz.

OMAR: Nicht wahr? Und schrecklich für dich, Mohallab.

MOHALLAB *erregt:* Ich muß nach Damaskus.

JEZID: Gib mir den Brief.

MOHALLAB: Da.

TRUG: Es tut uns leid, Mohallab.

OMAR: Aber nicht Mohallabs wegen. Wir brechen auf. Bereite alles vor, Jezid.

JEZID: Ich gehe.

MOHALLAB: Ich muß nach Damaskus. Gib mir ein Pferd oder ein Kamel, Omar!

OMAR *lachend:* Ein Pferd oder ein Kamel, — hörst du das, Trug?

TRUG: Gib es ihm.

OMAR: Und vielleicht noch zehntausend Piaster, wie? Du hast liebenswürdige Schwäger, Mohallab. Wie hieß der Brief? „Zehntausend Piaster ist uns Mohallab nicht wert." Und meinst du nun, mir wärest du ein Pferd oder ein Kamel wert?

MOHALLAB: Ich bitte dich darum, Omar! Ich muß wissen, ob ich Fatime so wenig wert bin.

OMAR: Meinst du, sie wisse nichts von dem Brief?

MOHALLAB: Ich kann es nicht glauben.

OMAR: Du tust mir leid, Mohallab, aber ich selbst tue mir noch mehr leid. Zehntausend Piaster habe ich durch dich verloren.

MOHALLAB: Durch mich verloren? Omar, du scherzest.

OMAR: Ich habe damit gerechnet und komme nun in Schwierigkeiten.

MOHALLAB: Wenn du so rechnest, habe ich die ganze Welt verloren.

OMAR: Und deswegen bist du nun auch in Schwierigkeiten.

TRUG: Er kann nicht zu Fuß durch die Wüste gehen.

OMAR: Er braucht nicht zu gehen, er kann reiten.

MOHALLAB: Dank, Omar!

OMAR: Nicht wahr, soviel Großmut hattest du nicht erwartet.

TRUG: Nimm das Pferd, das für Welid bestimmt war.

OMAR: Ja, das kann er nehmen.

MOHALLAB Ich breche sogleich auf. Sag mir den Weg!

OMAR: Du brauchst ihn nicht zu wissen. Wir reiten ja mit dir.

MOHALLAB: Ihr wollt nach Damaskus?

OMAR: Damaskus? Keineswegs. Wir reiten nach Basra.

MOHALLAB: Ich weiß nicht, wo ich bin. Muß ich nach Basra, um nach Damaskus zu kommen?

OMAR: Das ist die entgegengesetzte Richtung. Aber du mußt nach Basra.

MOHALLAB: Heißt das, daß du mich nicht freiläßt?

OMAR: Du bist ein schlechter Ersatz für zehntausend Piaster, aber man wird sehen, was du wert bist.

Markt von Basra

WELID: Was kostet der Weiße?

JEZID: Zehntausend Piaster, Herr.

WELID: Wer zahlt zehntausend Piaster für einen Sklaven!

JEZID: Er ist weiß.

WELID: Schwarze sind weniger stolz und arbeiten williger.

JEZID: Er ist sehr gut. Zeige deine Muskeln, Mohallab! Beuge den Arm!

WELID: Ich will seine Zähne sehen.

JEZID: Tu den Mund auf, Mohallab! Schaut seine prächtigen Zähne an, Herr! Geht nur nahe heran, er beißt nicht.

WELID *leise:* Erkennt Ihr mich. Ich bin Welid!

JEZID: Was sagt Ihr?

WELID: Ich sage, die Zähne sind gut, aber er ist schon ungefähr dreißig Jahre alt. *Leise.* Ich habe nur achttausend.

JEZID: Dreißig Jahre ist kein Alter. Dreh dich um, Mohallab! Schaut seinen kräftigen Rücken!

WELID: Laßt ihn gehen.

JEZID: Geh, Mohallab!

WELID: Er hinkt.

JEZID: Mit einer fünfzig Pfund schweren Eisenkugel am Bein hinkt jeder.

WELID: Sein Haar ist an den Schläfen grau.

JEZID: Wir haben es nicht gefärbt. Hier macht Ihr einen ehrlichen Kauf. Kauft woanders einen mit gefärbten Haaren, wenn Euch das lieber ist.

WELID: Fünftausend.

JEZID: Er kann reiten und mit dem Dolch umgehen.

WELID: Es ist schlecht, wenn ein Sklave seinen Herrn erdolchen und davonreiten kann.

JEZID: Er ist stark und arbeitet gern, außerdem ist er klug.

WELID: Für zehntausend Piaster müßte er weise sein. Fünftausend!

JEZID: Man kann ihn als Verwalter gebrauchen. Er kann schreiben und rechnen, versteht es, zu kaufen und zu verkaufen, und kann gut mit Menschen umgehen.

WELID: Mich wundert, daß er Sklave ist, wenn er alles kann.

JEZID: Unglückliche Schicksalsschläge. Mohallab, schreibe mit dem Finger in die Luft: El Kuwehd!

WELID: Hast du ihm das eingelernt?

JEZID: Wenn siebzehn Kamele mit Seide beladen sind, zweihundertdreißig Piaster der Ballen, welchen Wert tragen sie, Mohallab?

MOHALLAB: 3910 Piaster.

WELID: Ah, er kann auch sprechen! Ich dachte, er wäre stumm.

JEZID: Es ist ein Zeichen von Klugheit, wenig zu sprechen.

WELID: Fünftausend Piaster.

JEZID: Zehntausend.

WELID: Sechstausend.

JEZID: Zehntausend.

WELID: Siebentausend.

JEZID: Zehntausend.

WELID: Achttausend.

JEZID: Zehntausend.

WELID: Bedenke: Achttausend Piaster für einen einzigen Sklaven. Dafür bekomme ich vier schwarze.

JEZID: Er ist weiß.

WELID: Dann geh zum Teufel!

JEZID: Ich werde ihn von Euch grüßen, Herr!

WELID: *leise:* Ich verkaufe die Kamele. Ich komme wieder.

JEZID: Was sagte er?

MOHALLAB: Er sagte, er würde einen schwarzen kaufen.

JEZID: Daran tut er recht.

MOHALLAB: Warum hast du mich nicht für achttausend verkauft? Niemand zahlt zehntausend Piaster für mich.

JEZID: Er trug einen falschen Bart. Ich hatte Mißtrauen gegen ihn.

MOHALLAB: Was kümmert dich ein falscher Bart, wenn er achttausend Piaster zahlt.

JEZID: Bei einem anderen hätte ich vielleicht dreitausend gesagt. Aber ich sah ihm an, daß er dir nicht wohlgesinnt war.

MOHALLAB: Oh, Jezid, du sollst den Vorteil Omars wahrnehmen, nicht meinen.

JEZID: Ich möchte, daß du in gute Hände kommst, Mohallab.

MOHALLAB: Und betrügst dafür Omar.

JEZID: Ja.

MOHALLAB: Ich danke dir das nicht, Jezid.

JEZID: Ich bin dir zugetan, Mohallab, und frage nicht nach Dank.

MOHALLAB: Ich hasse dich deswegen.

JEZID: Das zerstört nicht meine Zuneigung.

MOHALLAB: Oh, Jezid!

SAAD *herantretend:* Was kostet der Sklave?

MOHALLAB: Verkauf mich nicht an ihn, Jezid!

JEZID: Ein Weißer, Herr. Zeig deine Muskeln, Mohallab! Er kann schreiben und rechnen und ist sehr erfahren im Handel. Er ist klug und stark. Zeig deine Zähne, Mohallab!

SAAD: Wie alt?

JEZID: Fünfundzwanzig, Herr.

MOHALLAB: Dreißig.

JEZID: Still, Hundesohn!

SAAD: Was kostet er?

MOHALLAB: Verkauf mich nicht, Jezid!

JEZID: Dreitausend, Herr.

MOHALLAB: Herr, ich bin nichts wert, ich hinke, ich kann nicht schreiben, ich kann nicht rechnen, ich bin dumm!

JEZID: Er lügt, weil er bei mir bleiben will. *Halblaut.* Tölpel! Ich sehe doch, daß dies der Richtige für dich ist!

SAAD: Ich kaufe ihn.

MOHALLAB: Verkauf mich nicht, Jezid!

JEZID: Dreitausend Piaster.

SAAD: Er heißt Mohallab?

JEZID: Mohallab, ja. Vierhundert, fünfhundert, sechshundert —

SAAD: Fürchte dich nicht, Mohallab! Ich bin Saad, der Fürst der Parsen. Du wirst es gut bei mir haben.

MOHALLAB: Ich fürchte nicht Euch, Herr, sondern die Zukunft.

SAAD: Möchtest du lieber in die Vergangenheit gehen?

MOHALLAB: Ja, denn ich kenne sie.

JEZID: Herr, er hat keine Vergangenheit mehr. Zweitausendeinhundert, -zweihundert.

SAAD: Löse ihm die Kette!

JEZID: Achthundert, neunhundert, dreitausend. Gut, Herr, Allah beschütze Euch!

SAAD: Er beschütze auch dich.

JEZID: Leb wohl, Mohallab, mein Sohn!

MOHALLAB: Jezid!

SAAD: Komm mit mir, Mohallab!

MOHALLAB *entfernter:* Ich danke dir nicht, Jezid!

JEZID: Allah schütze dich dennoch! *Leise.* Aber Allah schützt, wen er will. *Wieder laut.* Ich habe schwer zu tragen. Dreitausend Piaster wiegen soviel wie eine Sklavenfessel. *Sich mühend.* Oh —

WELID *herankommend:* Fremder, wo ist der Sklave? Ich will ihn kaufen.

JEZID: Für Zehntausend?

WELID: Neuntausend, mehr brachte ich nicht zusammen.

JEZID: Ich sagte dir, daß das zu wenig ist für ein so prächtiges Stück.

WELID: Gib ihn für neuntausend! Wo ist er?

JEZID: Such ihn, dann bekommst du ihn umsonst. Leb wohl, Welid!

Saal in Saads Palast

Lärmende Stimmen nähern sich draußen.

SAAD: Wer kommt, Schirin?

SCHIRIN: Ich hörte den Namen Mohallab aus dem Geschrei. *Die Tür wird geöffnet. Der Lärm bleibt noch einen Augenblick, endet dann plötzlich.*

OKBA: Wir fanden ihn drei Tagereisen von hier am Fluß. Er hielt sich im Schilf versteckt.

SCHIRIN *leise:* Er ist blaß und abgemagert.

OKBA: Soll ich ihn henken, Herr?

SAAD: Nichts sollst du. Geht jetzt hinaus!

Schritte entfernen sich. Die Tür wird geschlossen.

SAAD: Hebe den Kopf, Mohallab, und sieh mich an.

Pause.

SAAD: Ist es dir schlecht bei mir gegangen, Mohallab?

MOHALLAB: Nein, Herr.

SAAD: Hast du gehungert, gedürstet?

MOHALLAB: Herr, ich war nicht glücklich.

SAAD: Habe ich dir nicht die Aufsicht gegeben über die Sklaven meines Hauses? Was willst du noch mehr, da du doch
selber Sklave bist?

MOHALLAB: Herr, ich bin frei geboren.

SAAD: Niemand ist frei geboren. Auch ich kann eines Tages
Sklave sein.

MOHALLAB: Und ich niemals frei?

SAAD: Es schmerzt mich, Mohallab, daß du nicht zufrieden
bist in meinem Hause. Denn sieh, ich bin dir zugetan. Eines
Tages werde ich dich freilassen.

MOHALLAB: Wann, Herr?

SAAD: Wenn du nicht mehr ungeduldig bist.

MOHALLAB: Dann ist es zu spät, Herr.

SAAD: Wie lange bist du bei mir?

MOHALLAB: Drei Monate, Herr.

SAAD: Ist das viel?

MOHALLAB: Wenig für den, der keine Wünsche hat.

SAAD: Höre, was ich dir sage, und widersprich nicht!

MOHALLAB: Ich höre, Herr, und widerspreche nicht.

SAAD: Dein Leben gehört mir und ist verwirkt, da du geflohen bist. Ich bin dir gnädig, und also darfst du am
Leben bleiben.

MOHALLAB: Ich danke Euch, Herr.

SAAD: Hast du mir zwanzig Jahre treu gedient, so wirst du
frei sein.

MOHALLAB *zögernd:* Ich danke Euch, Herr.

SAAD: Noch einmal vertraue ich dir die Aufsicht über meine
Sklaven an. Darüber hinaus wirst du bestellt werden als
der Hüter der heiligen Flamme im Tempel.

MOHALLAB: Ich danke Euch, Herr.

SAAD: So bist du mehr geworden durch deine Flucht. *Mit er-hobener Stimme.* Aber glaube nicht, Mohallab, daß meine Langmut unendlich ist. Okba, mein Henker, hat wenig zu tun in meinem Lande. Er quält mich seit langem um ein Todesurteil. Er wird es mit Genuß vollstrecken, Mohallab. Hüte dich also!

MOHALLAB: Ja, Herr.

SAAD: Du darfst mir die Hand küssen zum Zeichen meiner Gnade! Und nun geh!

Garten

Eine Flöte klingt entfernt.

SCHIRIN: Mohallab!

MOHALLAB: Herrin!

SCHIRIN: Was träumst du?

MOHALLAB: Ich horche auf die Flöte.

SCHIRIN: Verstehst du ihre Sprache?

MOHALLAB: Ich möchte sie verstehen. Ich bin gewiß, daß sie mir etwas zusingt.

SCHIRIN: Ich verstehe sie. Der sie bläst, ist glücklich.

MOHALLAB: Das ist kein Lied für mich.

SCHIRIN: Für dich. Das Glück hat viele Gestalten. Aber du kennst nur eine. Du bist blind.

MOHALLAB: Blind?

SCHIRIN: Warum bist du geflohen, Mohallab! Wie konntest du mir das antun!

MOHALLAB: Euch, Herrin? Ich verletzte nicht Euch.

SCHIRIN: Mich am meisten, Mohallab.

MOHALLAB: Verzeiht, Herrin, — ich kann mich nicht länger verweilen. Ich muß in den Tempel.

SCHIRIN: Noch einen Augenblick, Mohallab, für deine Fürstin.

MOHALLAB: Ich höre.

SCHIRIN: Mohallab, du bist Sklave in diesem Haus. Ich kann über dich gebieten wie Saad. *Leise.* Dennoch bist du mein Gebieter, und ich bin deine Sklavin.

MOHALLAB: Herrin!

SCHIRIN: Still! Widersprich nicht! Ich will, daß du mein Gebieter bist, ich befehle es dir! *Pause.* Ich bin aus königlichem Geschlecht, Mohallab! Du kennst meinen Stolz nicht! Er besteht auch darin, daß ich mich tiefer demütigen kann als andere.

MOHALLAB: Herrin, es gibt hier keinen Menschen, den ich so achtete wie Euch!

SCHIRIN *sanft:* Du sollst mich nicht achten. Du sollst mich lieben.

MOHALLAB: Ihr seid die Gemahlin meines Herrn!

SCHIRIN: Still davon! Sage mir, ob ich häßlich bin.

MOHALLAB: Der müßte lügen, der das sagen wollte.

SCHIRIN: Mohallab, ich liebte dich vom ersten Augenblick an. Gefällt dir mein Mund, gefällt dir mein Haar?

MOHALLAB: Es gefällt mir!

SCHIRIN: Danke, mein Gebieter!

MOHALLAB: Ich muß fort, Herrin.

SCHIRIN: Küsse mich!

MOHALLAB: Herrin, Euch küssen?!

SCHIRIN: Küsse mich!

MOHALLAB: Wir sind im Garten, es ist heller Tag.

SCHIRIN: Ich sage, du sollst mich küssen!

Die Flöte klingt näher.

SCHIRIN: Nun, sah uns jemand?

MOHALLAB: Ich hoffe nicht, Herrin!

SCHIRIN: Heute abend aber, an dieser Stelle, Mohallab — hörst du!

MOHALLAB: Ich höre, Herrin.

SCHIRIN: — mußt du mich noch fester küssen, Mohallab!

MOHALLAB: Es kommt jemand.

SCHIRIN: Ich gehe.

Das Flötenspiel ist inzwischen noch näher gekommen.

MOHALLAB: He, Flötenspieler, Bettler! Was bläst du für ein Lied? Hinaus aus dem Garten des Fürsten!

Das Flötenspiel bricht plötzlich ab.

WELID: Kennt Ihr das Lied nicht, Herr?

MOHALLAB: Ich bin kein Herr, ich bin Sklave.

WELID: Ein Damaszener Lied, Mohallab!

MOHALLAB: Welid!

WELID: Ja, Herr!

MOHALLAB: Woher, Welid? Bringst du gute Botschaft?

WELID: Ich kam zu spät auf den Markt von Basra. Und ich suchte Euch vergebens.

MOHALLAB: Sagte dir Jezid nicht, wer mich gekauft hatte?

WELID: Er schwieg, der Teufel.

MOHALLAB: Ich hoffe, es war Bosheit von ihm.

WELID: Ich ritt kreuz und quer durch die Wüste, von Mossul bis Hadramaut. Endlich fand ich Eure Spur. Über Damaskus folgte ich Euch hierher. Ich hatte Pferde und Geld. Aber eine Tagereise von hier wurde ich überfallen. Ein Unglück, Herr, denn nun bin ich als Bettler bei Euch. Wie kommen wir nach Damaskus ohne Geld, ohne Wegzehrung, ohne Pferd oder Kamel, ohne Waffen?

MOHALLAB: Und warum, meinst du, sollte ich nach Damaskus?

WELID: Wollt Ihr nicht, Herr?

MOHALLAB: Und der Brief?

WELID: Oh, Herr, wir schrieben ihn doch nur, weil wir meinten, Omar würde Euch laufen lassen, wenn er kein Lösegeld bekäme.

MOHALLAB: Es war schlecht gerechnet, aber du gibst mir das Leben wieder, Welid. Was sagt Fatime?

WELID: Fatime, — Herr, ich erzähle Euch später von Fatime. Denken wir erst daran, wie wir nach Damaskus kommen.

MOHALLAB: Damaskus, — oh dies Wort zu hören! Fatime —
WELID: Ohne Geld nach Damaskus!
MOHALLAB: Betteln wir wie die wandernden Derwische! Es ist alles gleich, — nur nach Damaskus!
WELID: Herr, wir können nicht zu Fuß durch die Wüste und über die Gebirge gehen.
MOHALLAB: Laß mich nachdenken.
WELID: Das einzige, was ich noch habe, ist ein Dolch.
MOHALLAB: Ich habe einen Gedanken, Welid. Er ist schändlich, aber es ist ein Gedanke.
WELID: Er müßte viel einbringen. Damaskus ist weit.
MOHALLAB: Findest du heute ein Essen und ein Nachtquartier?
WELID: Das finde ich immer.
MOHALLAB: So komm morgen früh wieder hierher. Vielleicht habe ich eine Möglichkeit, Geld zu finden.

Schirins Zimmer

Schirin summt eine Melodie.
Es klopft vielmals hintereinander ganz leise, gleichsam mit dem Fingernagel.
Schirin hält inne und öffnet die Tür.
Sie flüstern.

SCHIRIN: Mohallab!
MOHALLAB: Schirin!
SCHIRIN: Du kommst in mein Zimmer? Unvorsichtiger!
Sie schließt die Tür.
MOHALLAB: Verzeih, der Tag wurde mir zu lang ohne dich.
SCHIRIN: Mir war er länger. Sieh, eben steckte ich mir eine Rose ins Haar, um zu dir zu kommen, und die Dämmerung ist doch noch weit!

MOHALLAB: Ich brenne, Schirin!
SCHIRIN: Still! Wenn uns jemand hört!
MOHALLAB: Verriegle die Tür!
Der Riegel wird vorgeschoben.

Vorm Haus des Henkers

Welids Flötenspiel, sich nähernd.

OKBA: Still mit dem Gedudel! Vor diesem Hause gibt es keine Musik. Geh mit verhülltem Angesicht vorbei!
Das Flötenspiel endet.

WELID: Warum?

OKBA: Es ist das Haus des Henkers.

WELID: Bist du der Henker?

OKBA: Ich bin es.

WELID: So werden deine Schwerter die schärfsten sein.

OKBA: Ich schleife sie selbst. *Er läßt wie zur Probe den Schleifstein sich drehen und hält eine Klinge daran, — beendet dies Spiel aber sogleich wieder.*

WELID: Ein armer Wanderer, Herr Henker, bittet um eine Gabe.

OKBA: Es ist schlechte Zeit für unsereinen. Unser Fürst hat nicht die rechte Freude an der Todesangst, wie sie ein guter Herrscher haben müßte. Die Stricke vermodern, und die Schneiden rosten. Scher dich zum Teufel! Ich habe kein Geld!

WELID: Kein Geld begehrte ich, Herr Henker. Schleift mir diesen Dolch umsonst!

OKBA *entzückt:* Ja, gib her! *Er beginnt zu schleifen.*
Eine Damaszener Klinge. Sie wird funkeln wie Diamanten. Aber es gehört Blut darauf, rot wie Rubin. Welch Geschmeide!
Das Geräusch des Schleifsteins verklingt.

Zimmer mit geöffneten Fenstern

Draußen singt eine Nachtigall.

SCHIRIN: Die Nachtigall —

MOHALLAB: Mein Herz schlägt lauter! Schirin, geh mit mir fort!

SCHIRIN: Wohin?

MOHALLAB: Dahin, wo ich kein Sklave bin, wo ich dich lieben darf, wo du niemandes Weib bist! Laß uns fliehen, Schirin!

SCHIRIN: Mohallab, auf die Flucht steht der Tod für dich.

MOHALLAB: Ich fürchte ihn nicht, wenn du bei mir bist. Zwei Tagereisen, dann sind wir außer Landes.

SCHIRIN: Ich soll Saad verlassen?

MOHALLAB: Liebst du ihn mehr als mich?

SCHIRIN: Du kommst vor allen.

MOHALLAB: Flieh mit mir, Schirin!

SCHIRIN: Oh, Mohallab —

MOHALLAB: Hast du Angst?

SCHIRIN: Nein.

MOHALLAB: Mit dir leben, Schirin, irgendwo, wo uns niemand kennt —

SCHIRIN: Versucher, du zauberischer —

MOHALLAB: — wo wir glücklich sein können —

SCHIRIN: Wenn ich nun ja sagte?

MOHALLAB: Tu es!

SCHIRIN: Aber wovon leben wir?

MOHALLAB *lächelnd:* Ich werde auf den Märkten Märchen erzählen.

SCHIRIN: Still, du Märchenerzähler! Ich habe doch meine Juwelen.

MOHALLAB *hastig:* Ich besorge Pferde. Für morgen abend.

SCHIRIN: So schnell? Ganz ohne Bedenkzeit?

MOHALLAB: Die Zeit läßt zweifeln, Schirin.

SCHIRIN: Ich gehe mit dir. In diesem Kästchen ist mein Schmuck. Geh sparsam damit um!

MOHALLAB: Das willst du mir anvertrauen?

SCHIRIN: Wunderts dich, daß ich dir vertraue?

MOHALLAB: Ich bin ein Sklave.

SCHIRIN: Mein König!

Das Lied der Nachtigall verklingt.

Nachts vorm Garten

Hufgetrappel, im Schritt sich nähernd. Es hält an.

MOHALLAB *halblaut rufend:* Welid!

SCHIRIN: Nach wem rufst du, Mohallab?

MOHALLAB: Da bist du, Schirin!

SCHIRIN: Bereit, entführt zu werden, mein Gebieter. Aber du riefst nicht nach mir.

MOHALLAB: Ein Roßknecht ritt mit mir. Aber er ist verschwunden. Es war ein Angsthase, er fürchtete die Nacht.

SCHIRIN: Ich fürchte sie nicht. Welches ist mein Pferd?

MOHALLAB: Steig noch nicht auf!

SCHIRIN: Warum nicht?

MOHALLAB: Vergaßest du nichts?

SCHIRIN: Wenn du Mantel, Gewand und Schuh meinst, so vergaß ich nichts. Auch eine Kapsel mit Gift nahm ich mit.

MOHALLAB: Gift?

SCHIRIN: Ein Tropfen aus tausend Kräutern gepreßt. Eh mich das, was ich vergaß, wieder einfängt —

MOHALLAB: Still davon!

SCHIRIN *lacht leise.*

MOHALLAB: Mich dürstet. Brich ein paar Äpfel im Garten, während ich die Sättel richte.

SCHIRIN: Wir kommen durch hundert Gärten, Mohallab.

MOHALLAB: Ich möchte sie aus diesem, Schirin, — verstehst du das nicht?

SCHIRIN: Von dem Baum, unter dem du mich küßtest? *Sich entfernend.* Ich gehe, Mohallab.

MOHALLAB: Such die schönsten! *Zu sich.* Fort jetzt, fort!

WELID *halblaut rufend:* Mohallab!

MOHALLAB: Welid! Da bist du endlich! Ist alles bereit?

WELID: Alles.

MOHALLAB: Du kamst spät. Beinahe hätte ich mit Schirin reiten müssen anstatt mit dir. Auf! Und schnell fort!

Klappern der Pferdehufe, das sich entfernt.

SCHIRIN *entfernt, halblaut:* Mohallab! *Näher.* Mohallab! *Ganz nahe.* Hörte ich nicht Pferde? *Pause. Dann leise.* Mohallab? — Oh — schicktest du mich dafür fort?

Auf der Flucht

Hufgetrappel.

WELID: Schont die Pferde, Mohallab!

MOHALLAB: Wir brauchen einen Vorsprung.

WELID: Niemand verfolgt uns.

MOHALLAB: Weiter, weiter, die Nacht durch! Ich fürchte Schirins Nähe.

WELID: Ihre Rache?

MOHALLAB: Nein, aber mein Gesicht ist rot vor Scham. Gepriesen sei die Finsternis der Nacht, die es noch verbirgt. Nur fort, weiter, fort von meiner Schande!

Der Hufschlag entfernt sich und verklingt.

Entfernt kräht ein Hahn.

SCHIRIN: Hörst du den Hahn krähen, Mohallab? Sieh, ich kann zu dir sprechen, als wärest du hier, — und liegt doch die Nacht zwischen uns wie ein schwarzes Gebirge, und jeder Augenblick, wo der Huf deines Pferdes erklingt, ist eine neue Felswand von Trennung, unübersteigbar, endgültiger mit jeder Stunde, — Mohallab, Mohallab! Und dennoch bist du hier, immer näher bei mir, und nie konnte ich so zu dir sprechen wie jetzt. Du kamst aus der einen Einsamkeit und reitest in die andere, — jeder Kuß macht dich fremder, jede Umarmung ärmer, — ich grüße dich, wie eine Klippe ihren Adler grüßt, der davonfliegt, seine Schwingen werden unsichtbar in der eisigen Ferne; wo seine Kralle ruhte, löst sich ein Stein und fällt in die Tiefe, das ist alles, und die Wälder bemerkten es nicht. Dorthin gelüstet es dich, nach den Wohnungen der Menschen, nach dem warmen Fell der Tiere, nach der tröstlichen Sprache des Windes im Geäst, ebenso wie es mich gelüstet. Höre nicht auf dein Herz und verstopfe mit Wachs deine Ohren, — denn nie wirst du erreichen, was du ersehnst, nicht hier und nicht in Damaskus. Aber reite weiter, Mohallab, kehre nie zurück! Deine Einsamkeit verdoppelt die meine, ich ertrüge sie nicht mehr.

Dumpfe Paukenschläge, entfernt.

Jetzt! Jetzt haben sie entdeckt, daß du fort bist.

Noch andere Pauken, fern und nah, werden angeschlagen. Stille.

Zimmer im Palast

OKBA: Herr, ich bringe ihn zurück, tot oder lebendig.

SAAD: Lebendig, Okba, lebendig! Hüte ihn wie deinen Augapfel!

OKBA: Sehr wohl, Herr, — es ist auch besser, einen Lebendigen zu henken als einen Toten.

SAAD: Keine Spuren?

OKBA: Es heißt, zwei unbekannte Reiter hätten gestern abend in Eile das Palastviertel verlassen.

SAAD: Zwei?

OKBA: Vielleicht hat ihn der Teufel geholt.

Freies Gelände

Hufschlag, im Schritt, nähert sich und bleibt zu hören.

MOHALLAB: Wie viele Tagereisen bis Damaskus, Welid?

WELID: Ungefähr zwanzig.

MOHALLAB: Das ist viel.

WELID: Ein Jahr kann wenig sein und ein Augenblick viel. Was wissen wir also, was zwanzig Tage sind. Wir müssen auf der Hut sein.

MOHALLAB: Wir können nicht wissen, was uns zustößt, Welid, — wir könnten unversehens getrennt werden —

WELID: Was meint Ihr damit, Kaufmann Mohallab?

MOHALLAB: Nimm diesen Beutel. Ich habe die Juwelen geteilt.

WELID: Gut, ich nehme sie, um nach Damaskus zu kommen.

MOHALLAB: Wozu sonst?

WELID: Ich bin Euch ungern dankbar, Mohallab.

MOHALLAB: Du mußt mir nicht dankbar sein, aber warum bist du es ungern?

WELID: Erlaßt mir die Antwort.

MOHALLAB: Dankbar muß i c h sein, Welid, — du kamst durch Wüsten und über Berge zu mir, du warst treu.

WELID: Ich war nicht treu, Mohallab.

MOHALLAB: Was ist dann Treue?

WELID: Es ist besser, wir schweigen darüber, bis wir in Damaskus sind.

MOHALLAB: Du machst mir Unruhe und willst schweigen?

WELID: So höre denn, Kaufmann Mohallab: Wenn wir nach Damaskus gekommen sind, werde ich dein Feind sein.

MOHALLAB: Wenn du in Damaskus mein Feind bist, bist du es auch hier.

WELID: Ja, ich bin es auch hier.

MOHALLAB *schmerzlich:* Welid!

WELID: Ich bin nicht mehr dein Diener, Kaufmann Mohallab.

MOHALLAB: Mußt du deswegen mein Feind sein? Oh, Welid —

WELID: Höre also, was du erst in Damaskus erfahren solltest. Erinnerst du dich an den Brief?

MOHALLAB: „Zehntausend Piaster ist uns Mohallab nicht wert."

WELID: Hassan schrieb ihn auf meinen Rat.

MOHALLAB: Ich finde daran nichts Schlimmes. Du dachtest, Omar würde mich freilassen.

WELID: Das sagte ich, Mohallab, aber ich dachte etwas anderes.

MOHALLAB: Was dachtest du?

WELID: Daß er dich töten würde.

MOHALLAB *erschrocken:* Welid!

WELID: Soll ich dir den Beutel zurückgeben?

MOHALLAB: Behalte ihn. Sprich weiter!

WELID: Omar tötete dich nicht. Er verkaufte dich als Sklaven. Da befiel mich die Reue, und ich beschloß, dir zu helfen.

MOHALLAB: Du bist besser, als du sagst, Welid. Jeder Mensch hat böse Wünsche.

WELID *heftig:* Denke nicht, daß ich gut bin! Erwarte nichts von mir! Ich wollte dir helfen, aber das sollte das letzte sein, was ich für dich tat. Ich wollte dich nach Damaskus geleiten und von da ab dein Feind sein. Nun bin ich es jetzt schon.

MOHALLAB: *erst ein wenig, dann herzlich lachend:* Aber Welid, warum willst du durchaus mein Feind sein?

WELID: Ich will es nicht, du willst es.

MOHALLAB: Ich? Welid, du träumst.

WELID: Höre nur weiter, Mohallab! Ich sagte dir, daß ich nicht mehr dein Diener bin.

MOHALLAB: Du bist kein Sklave. Ich kann dich nicht hindern, aus meinen Diensten zu gehen.

WELID: Ich bin Kaufmann geworden.

MOHALLAB: Ach, rechnest du jetzt besser?

WELID: Ich hoffe es, Mohallab. Ich wurde Teilhaber Hassans, deines Schwagers.

MOHALLAB *erstaunt:* Ach —

WELID: Dabei ist es ganz lächerlich zu sagen: Dein Schwager —

MOHALLAB *erschrocken:* Welid!

WELID: Eine alte Gewohnheit von mir, eine Redensart, die nichts bedeutet.

MOHALLAB: Welid, was ist mit Fatime?

Die Pferde halten.

WELID: Faß mir nicht in die Zügel, Mohallab, das vertrage ich nicht. Ich habe gestern meinen Dolch schleifen lassen. Schau her! Und sieh dich vor, daß ich ihn nicht brauchen muß!

MOHALLAB: Was ist mit Fatime?

WELID: Willst du die Juwelen zurückhaben? Fatime wird mein Weib werden, Mohallab.

MOHALLAB: Du bist schlimmer als Omar, — du verkauftest mich schlimmer!

WELID: Sieh dich vor, Mohallab! Die Hand weg!

MOHALLAB: Ich erwürge dich!

WELID: Da!

50

MOHALLAB *schreit auf.*

WELID: Du hast schlecht gerechnet, Kaufmann Mohallab.

MOHALLAB *sinkt stöhnend vom Pferd.*

WELID: Willst du die Juwelen wiederhaben?

MOHALLAB *stöhnt.*

WELID: Ich glaube, du brauchst sie nicht mehr. *Er sprengt mit seinem Pferd davon und ruft, entfernter:* Ich werde Fatime Grüße von dir ausrichten.

MOHALLAB *leise:* Welid, – hilf mir!

Der Hufschlag verklingt.

Wieder im Palast

OKBA: Lebend sollte ich ihn bringen, Herr. Es ist nicht meine Schuld, daß er mehr tot als lebend ist. Konnte ich das wissen, als ich den Dolch schliff?

SAAD: Sei nicht geschwätzig, Okba! Wie oft willst du das erzählen! Schafft ihn ins Gefängnis!

SCHIRIN: Den Kranken ins Gefängnis?

SAAD: Und ruft meinen Leibarzt zu ihm.

SCHIRIN: Er muß gesund werden.

OKBA: Wir tun alles, Herrin, aber gesund –?

SAAD: Geht, verliert keine Zeit!
Schritte der Bahrenträger. Die Tür wird geöffnet und wieder geschlossen.

SCHIRIN: Soll ich ihn pflegen, Saad?

SAAD: Du? Er ist in guten Händen. Die Fürstin braucht einem Sklaven im Gefängnis nicht zu helfen, auch wenn er dreitausend Piaster wert ist.

SCHIRIN: Sei nicht hart gegen ihn!

SAAD: Man fand bei Mohallab ein Kästchen mit Juwelen. Sieh her!

SCHIRIN: Es ist das meine.

SAAD: Hast du gemerkt, daß es dir gestohlen wurde?

SCHIRIN: Nein. Meinst du, er habe es gestohlen?

SAAD: Wer sonst?

SCHIRIN: Der andere, der ihn erstach.

SAAD: Und warum nahm er die Juwelen nicht mit?

SCHIRIN: Nimm an, Mohallab habe den Dieb bemerkt, habe ihm nachgesetzt, ihm das Kästchen entrissen, — im Handgemenge trifft ihn der Dolch des andern —

SAAD: Und der Dieb läßt das Kästchen bei dem Bewußtlosen liegen. Sieh nach, ob alles darin ist!

SCHIRIN: Es fehlt ein Armreif, ein Halsgeschmeide, rubinene Ohrringe, die Gürtelschnalle —

SAAD: Der Dieb hätte sich also nur die Hälfte genommen.

SCHIRIN: Ach — ich weiß es ja nicht.

SAAD: Wenn Mohallab noch einmal zum Leben erwacht, werden wir es wissen. Schirin, — ich wünschte, er erwachte nicht wieder!

Kerker

OKBA: Die Salbe morgens und abends auf die Wunde. Oh, Mohallab, was muß ich mich mühen, dich zum Leben zu bringen, damit ich es dir nehmen kann! Mit Kamillentee die Lippen befeuchten! Seit drei Tagen die Lippen mit Kamillentee befeuchten. Was soll aus einem Menschen werden, wenn er nichts zu sich nimmt als die Feuchtigkeit der Kamille! Hungers zu sterben ist ein schrecklicher Tod. Mohallab, wach auf, iß etwas, und freue dich, daß du von m i r zum Tode befördert wirst. Mohallab, ich bin ein Meister meines Fachs, — glaube mir, daß der Hunger ein Stümper ist. — He? — Sagtest du was? — Er bewegt die Lippen. — Nein. — Oder doch? — Mohallab, du verstehst es, einen auf die Folter zu spannen. Du gäbest einen brauchbaren Gehilfen für mich ab.

MOHALLAB *leise:* Welid!

OKBA: Wie? Du sprichst ja. Mohallab, Freund, liebster Freund, du sprichst ja. *Noch mehr außer sich.* Und du hast die Augen auf! — Am Ende schielst du deinen Freund Okba schon seit drei Tagen an und tust nur so, als wärst du halbtot! Und ich koche Kamillentee und beschmiere dich mit weißen und gelben Salben.

MOHALLAB: Wo bin ich?

OKBA: Das ist die richtige Frage für solche Fälle. Aber laß gut sein, sprechen wir nicht darüber, wo du bist. Es ist sehr einfach eingerichtet hier, sozusagen ärmlich. Aber Stroh hält warm. Warte nur, ich werde dafür sorgen, daß du bald da bist, wo es schöner ist als hier.

MOHALLAB: Du bist Okba, der Henker.

OKBA: Erkennst du mich? Oh, wie mich das freut! Laß dich umarmen, mein Freund! Wirklich, Mohallab, du bist mir der liebste von allen.

MOHALLAB: Das habe ich schon öfter gehört.

OKBA: Niemand meint es so ehrlich wie ich. *Lauernd.* Sag mir nur eines, Mohallab, sags mir ganz unter uns!

MOHALLAB: Was?

OKBA: Hast du der Fürstin die Juwelen gestohlen?

MOHALLAB: Ja.

OKBA: Laß dich umarmen, Mohallab!

Saal in Saads Palast

MOHALLAB *mit festerer und lauterer Stimme als eben:* Ja, Herr, ich habe sie gestohlen.

SAAD: Mohallab, denke daran, daß es um dein Leben geht. Erinnere dich genau! Denke nach! Stahl sie vielleicht der andere?

MOHALLAB: Welid? Nein.

SAAD: Vielleicht fandest du sie?

MOHALLAB: Gewiß fand ich sie, sonst hätte ich sie nicht genommen.

SAAD: Keine Scherze, Mohallab! Vielleicht fandest du sie zufällig, ohne zu wissen, wem sie gehören.

MOHALLAB: Ich wußte, daß sie der Fürstin gehören.

SCHIRIN: Vielleicht gab sie dir jemand?

MOHALLAB: Niemand gab sie mir, Herrin. Ich habe sie gestohlen.

SAAD: Das ist schade, Mohallab. Okba!

OKBA: Herr!

SAAD: Geh mit ihm!

OKBA: Ist es soweit, Herr?

SAAD: Es ist soweit.

SCHIRIN: Warte! — Saad, ich gab Mohallab das Kästchen.

SAAD: Du?

SCHIRIN: Ja.

SAAD: Du gabst ihm die Juwelen?

SCHIRIN: Damit er entfliehen könnte.

MOHALLAB: Oh, Herr, die Fürstin ist gütig und voller Mitleid. Es tut ihr leid, daß ich sterben soll. Ich habe die Juwelen gestohlen.

SCHIRIN: Wem glaubst du, der Fürstin oder dem Sklaven?

SAAD: Ich glaube — ihm.

MOHALLAB: Ich danke Euch, Herr. Komm, Okba!

SCHIRIN: Wartet! — Saad, kennst du diese Kapsel?

SAAD: Du nahmst sie aus meinem Schrank! Es ist Gift. Gib her!

SCHIRIN: Sieh her, — und ich esse sie.

SAAD: Schirin!

SCHIRIN: Es ist noch Zeit zu sagen, was ich dir zu sagen habe. Wirst du mir nun glauben?

MOHALLAB: Schirin!

SAAD: Er ruft deinen Namen, Schirin.

SCHIRIN: Ich gab ihm die Juwelen, weil ich ihn liebe und weil ich mit ihm fliehen wollte. Aber er ließ mich zurück. Er verschmähte mich, hörst du!

SAAD: Schirin!

SCHIRIN: Nein, halt mich nicht in deinem Arm, Saad! Ich liebe ihn, ihn, ihn, hörst du! Du hast keinen Grund mehr, ihn zu töten. Oh, Mohallab —

OKBA: *flüsternd:* Jetzt stirbt sie.

SAAD: Was steht ihr hier und gafft? Packt euch, sage ich, packt euch!

MOHALLAB: Ja, Herr?

OKBA: Soll ich ihn henken, Herr?

SAAD: Bist du noch nicht unterwegs?

Die beiden gehen hinaus.

Im Freien und in der Karawanserei

MOHALLAB: Wohin führst du mich?

OKBA: Auf die Klippe des Schweigens.

MOHALLAB: Ein beruhigender Name. Die Fessel schneidet mir in die Hand.

OKBA: Das ist bald vorbei.

MOHALLAB: Du hast recht.

OKBA: Es geht ganz schnell, verstehst du, — ich gebe dir einen kleinen Stoß und du fällst zweihundert Klafter tief in die Schlucht.

MOHALLAB: Mach es nur richtig.

OKBA: Die meisten schreien nicht einmal. Wahrscheinlich verlieren sie gleich das Bewußtsein.

MOHALLAB: Ich freue mich für dich, daß du endlich wieder etwas zu tun hast.

OKBA: Ich danke dir, Mohallab. Du bist der erste, der mich

versteht. Aber ich hoffe doch, jetzt werde ich wieder mehr Arbeit haben. Nachdem Schirin tot ist, wird der Fürst sich besinnen, wie man recht regieren muß.

MOHALLAB: So stand dir die Fürstin im Wege?

OKBA: Sie war zu sanft.

MOHALLAB: Ja, sie war sehr sanft.

OKBA: Wir sind angelangt.

MOHALLAB: Man sieht weit ins Land von hier.

OKBA: Nicht wahr? Es ist mein liebster Spaziergang. Andere gehen nicht gern hierher.

MOHALLAB: Das glaube ich.

OKBA: Hast du noch einen Wunsch?

MOHALLAB: Nein, eigentlich nicht.

OKBA: Ja — dann —

MOHALLAB: Mir fällt etwas ein, Okba.

OKBA: Erzähle es mir, Mohallab. Ich habe oft daran gedacht, mir eine Sammlung der letzten Gedanken anzulegen. Wie findest du das?

MOHALLAB: Ich finde es gut.

OKBA: Nicht wahr? Leider kann ich nicht schreiben, daran scheitert es.

MOHALLAB: Manche meinen, der Tod sei ein Augenblick. Dabei dauert er manchmal ein ganzes Leben lang.

OKBA: Oh, wenn ich schreiben könnte, Mohallab!

MOHALLAB: Mein Tod begann in El Kuwehd. Der Bettler Jezid sagte: „Geh nicht nach El Kuwehd!" Aber er hatte eigentlich unrecht. Ich konnte ruhig dorthin gehen. Falsch war nur, daß ich der Magd folgte, die mich zu ihrer Herrin rief. Das hätte ich nicht tun dürfen, das war falsch. Oh, Okba, könnte ich den Augenblick noch einmal haben, ich täte es anders.

OKBA: Nachher ist man immer klüger.

MOHALLAB: Wenn sich dieser Augenblick wiederholte!

OKBA: Mohallab!

MOHALLAB: Ja?
OKBA *böse:* Jetzt stoße ich dich hinab!
MOHALLAB *schreit:* Nein!

Sein Schrei entfernt sich —
— und klingt in einem geschlossenen Raum wieder auf, sofort
abbrechend.

WELID: Was ist Euch, Herr?
MOHALLAB: Welid!
WELID: Warum schreit Ihr plötzlich?
MOHALLAB: Ich glaubte, ich fiele.
WELID: Herr, Ihr saßet ganz ruhig.
MOHALLAB: Welid, wo bin ich?
WELID: Vor zwei Stunden ritten wir in El Kuwehd ein. Wir
  sind in der Herberge. Die Kamele sind abgehalftert und im
  Stall.
MOHALLAB: Ah, ich glaube, ich habe geträumt.
WELID: Herr, es war, als wäret Ihr einen Augenblick ohn-
  mächtig gewesen.
MOHALLAB: Einen Augenblick? Oh, Welid, waren es nicht
  Monate, Jahre?
WELID: Herr, Ihr fiebert.
MOHALLAB: Was habe ich nur geträumt? Ich weiß nichts
  mehr. Wo sind wir?
WELID: In El Kuwehd, Herr.
MOHALLAB: Erinnere mich weiter, Welid!
WELID: Unsere Karawane kommt aus Indien. Die Kamele
  sind beladen mit Seide, mit Teppichen, mit Häuten, mit
  Gewürz.
MOHALLAB: Und vorhin begegnete mir ein Bettler, der sagte:
  „Geh nicht nach El Kuwehd!"
WELID *lachend:* Ja, das sagte der Narr. Seht Ihr, jetzt erin-
  nert Ihr Euch. Denkt an Damaskus!
MOHALLAB: Ah — Fatime —

WELID: Ihr Haar ist schwarz wie die mondlose Nacht —

MOHALLAB: Schlug nicht ein Hammer in der Schmiede? Winkte nicht eine Frau?

WELID: Es war nicht Fatime, Herr. Fatimes Augenbrauen sind gebogen wie das Horn des Mondes.

MOHALLAB: Still von Fatime! In El Kuwehd ist kein Platz für sie.

WELID: Der Bettler machte Euch Furcht, Herr. Wenn Euch dieser Platz so verwirrt, so laßt uns aufbrechen.

MOHALLAB: Aufbrechen? Wohin?

WELID: Nach Damaskus.

MOHALLAB: Ich werde nie nach Damaskus kommen.

WELID: Laßt uns aufbrechen!

MOHALLAB: Es ist zu spät, Welid. Hörst du die Schritte?
Man hört draußen Schritte sich nähern und anhalten.
Es klopft.

MOHALLAB: Tritt herein!
Eine Tür geht.

MOHALLAB: Wer bist du, Weib?

MAGD: Meine Herrin bittet den Kaufmann Mohallab, zu ihr zu kommen.

MOHALLAB: Wer ist deine Herrin?

MAGD: Sie winkte Euch.

WELID: Herr, eine Dirne.

MOHALLAB: Ich gehe mit dir.

WELID: Geht nicht, Herr, geht nicht!

MOHALLAB: Leb wohl, Welid.

WELID: Allah möge Euch schützen, Herr! Aber geht nicht!

MOHALLAB: Allah schützt, wen er will. Ich gehe.

DER TIGER JUSSUF

JUSSUF
WILLIAM
ANITA
RICHARD MATTHISSON
PAULA
RIMBÖCK
OTTILIE
MAXIMILIAN
CORTES

JUSSUF: *Ich möchte mich vorstellen, Hörer, aber wer bin ich?*
Ich könnte nicht einmal sagen, daß die Stimme, die du ver-
nimmst, mit Sicherheit die meine sei.
Einiges spricht dafür, daß ich ein Tiger bin, genauer gesagt,
der Zirkustiger Jussuf. Aber nicht nur dir, auch mir kommt
es merkwürdig vor, daß ein Tiger in menschlicher Sprache
soll reden können. Nein, es ist ohne Zweifel so, daß auch
viele andere Stimmen, die du hören wirst, die meinen sind;
und daraus schließe ich, daß es nicht mit Sicherheit fest-
steht, wer ich bin. Beispielsweise könnte ein Gespräch zwi-
schen der Kunstreiterin Anita und dem Dompteur William
durchaus von mir geführt sein. Vielleicht mangelt es dem
Ohr nur an Feinheit, dergleichen wahrzunehmen. Hör zu!

WILLIAM: Ein kleines, aber ausgesuchtes Programm, Anita. Zwei Seelöwen zum Anfang. Was hältst du von Seelöwen?

ANITA: Ich kann sie nicht ausstehen.

WILLIAM: Ach? Das wußte ich nicht.

ANITA *höhnisch:* Nein, das wußtest du nicht.

WILLIAM: Seelöwen sind allgemein beliebt. Und an Elefanten ist ja nicht zu denken. Du weißt, was ein Elefant heutzutage kostet. Man muß klein anfangen.

ANITA: Da wären Flöhe gut.

WILLIAM: Flöhe?

ANITA: Sind klein und kosten nichts.

WILLIAM: Unter meinem Niveau. Wer mit Großkatzen arbeitet, geht nicht zu Flöhen über. Das mußt du einsehen.

ANITA: Muß ich? Du bist so feinfühlig, wenn es dich betrifft.

WILLIAM: Nicht nur mich. Meine Nummer mit Jussuf soll nicht das Wichtigste sein.

ANITA: Jussuf willst du auch mitnehmen?

WILLIAM: In unsere Zukunft.

ANITA: Eine Zukunft mit abgewetzten Krallen und ohne Eckzähne.

WILLIAM: Du kränkst mich. So alt ist Jussuf nicht.

ANITA: Jedenfalls stinkt er. Man müßte ihn wenigstens mit Lavendelseife waschen und mit Kölnisch Wasser nachreiben.

WILLIAM *dumm:* Mit was?

ANITA: Lavendelseife, Kölnisch Wasser. Ach, William!

WILLIAM: Bill hast du früher gesagt.

ANITA: Und William sage ich heute. Weil du so feinfühlig bist. Ich könnte auch Willi sagen, Willi Schultze aus Bretleben am Kyffhäuser. Es ist so deprimierend: Schultze mit tz und Kyffhäuser mit y.

WILLIAM: Ja, das stimmt.

ANITA: Was stimmt?

WILLIAM: tz und y. Aber sonst stimmt gar nichts.

ANITA *einlenkend:* Du mußt verstehen, Bill —
WILLIAM: Ich verstehe.
ANITA: Was sollte denn die Hauptsache sein? Nicht deine
Nummer mit Jussuf?
WILLIAM *mit einem Rest von Hoffnung:* Du und die Pferde.
Der Spitzentanz im Trab. Deine Füße. Die Kußhände ins
Publikum.
ANITA: Und hinter mir die Roßäpfel als Zugabe, die haben
immer den meisten Applaus. Ach nein.
WILLIAM: Nein? Siebzehntausend Mark Ersparnisse und
Nein?
ANITA: Siebzehntausend?
WILLIAM: Wenn ich alles flüssig mache.
ANITA: Mach es flüssig!
WILLIAM: Und dann?
ANITA: Bill, könntest du mir zweitausend Mark borgen?
WILLIAM: Aber natürlich, Anita.

JUSSUF: *Ja, ich könnte ebenso William wie Anita gewesen
sein, vielleicht auch beide gleichzeitig. Ebenso geht es mir
mit einem anderen Paar, dem Bäckermeister Matthisson
und seiner Frau, damals, als sie am Bodensee in der Som-
merfrische waren, an Frau Matthissons Geburtstag. Höre
auch das!*

PAULA: Richard!
RICHARD *verschlafen:* Was?
PAULA: Der Mann auf dem Fünfmeterbrett. Sieh!
RICHARD: Hm.
PAULA: Jetzt springt er.
RICHARD: Und?
PAULA: Es sah gut aus.
RICHARD: Ja?

PAULA: Richard!

RICHARD: Ja?

PAULA: Ich darf mir etwas wünschen, weil ich Geburtstag habe.

RICHARD: Gewiß, meine Liebe.

PAULA: Spring vom Fünfmeterbrett!

RICHARD: Ich? Ja – gewiß –

PAULA: Ja?

RICHARD: Du sollst dir etwas Besseres wünschen. Was hast du davon? Einen Strauß Rosen, oder wir könnten an den Vierwaldstätter See fahren.

PAULA: Nur das eine: daß du vom Fünfmeterbrett springst.

RICHARD: Natürlich könnte ich es. Aber es ist zu dumm. Ich habe einfach keine Lust.

PAULA: Mein Geburtstagswunsch.

RICHARD: Nein.

PAULA: Schade, sehr schade. Soll ich dir sagen, warum du es nicht tust?

RICHARD: Darum ging es, nicht wahr? Damit du es mir sagen konntest! Das war dein Geburtstagswunsch.

PAULA: Weil du feige bist, feige, feige.

JUSSUF: *Ja, auch diese beiden Stimmen könnten die meinen sein. Es ist nicht mit Sicherheit zu sagen. Und noch andere Stimmen kann ich dir vorführen, Hörer, die ich für meine halte. Das dritte Paar! Der Fabrikant Rimböck, Kommerzienrat, langweilt sich am Abend in Gesellschaft seiner Frau Ottilie.*

OTTILIE: Wann hast du die Zeitung ausgelesen?

RIMBÖCK: Ich lese sie nicht, Ottilie.

OTTILIE: Dann leg sie weg.

RIMBÖCK: Du mißverstehst mich. Ich muß durchaus hineinschauen.

OTTILIE: Um mich zu kränken.

RIMBÖCK: Um nicht zu lesen, Ottilie. Was wäre das Nicht-lesen, wenn ich nicht hineinschaute?

OTTILIE *bricht in Tränen aus.*

RIMBÖCK: Weine nicht! Ich könnte auch behaupten, ich lese; es kommt auf den Standpunkt an. Du meinst doch die kleinen schwarzen Kringel, die man Buchstaben nennt?

OTTILIE: Wie?

RIMBÖCK: Sei versichert, daß du sie meinst. Aber die schaue ich nicht an. Ich lese das Weiße drumherum.

OTTILIE: Das Weiße?

RIMBÖCK: Es ist schwierig, aber ich gebe die Hoffnung nicht auf, etwas Mitteilenswertes zu finden.

OTTILIE: Heute abend noch?

RIMBÖCK: Geduld, Ottilie! Wir leben ja länger als einen Abend.

JUSSUF: *Das genügt eigentlich. Es ist nicht nötig, daß wir die Damen und Herren näher kennen lernen. Ich wollte nichts, als dir sagen, daß ich etwas ratlos bin, wenn ich mich vorstellen soll. Habe ich dich auch ratlos gemacht? Nun, unter uns: Nimm das alles nicht zu ernst und denke nicht zuviel darüber nach. Vermute nichts anderes als ein Spiel und belaß es dabei. Ich sage dir ausdrücklich, daß es mir Freude macht, dich zu verwirren, zu nasführen und zu belügen. Am besten fährst du, wenn du bei allem vermutest, es sei gelogen.*

Das ist ein Rat für dich, aber für mich selber kann ich wenig damit anfangen. Immer wieder die Frage: Wer bin ich? Eines Morgens erwache ich in einem fremden Zimmer, in einem fremden Bett, neben einer fremden Frau. Es ist ein Schrank da aus geflammtem Nußbaum, ein Waschbecken mit blinkenden Nickelhähnen, eine Nachttischlampe, neben

der Tür Lichtschalter und Klingel und die Anweisungen
der Verwaltung. Preis des Zimmers als Doppelzimmer
sechzehn Mark, Kurtaxe, Bedienung, bei Nichteinnahme
des Frühstücks erhöht sich der Preis um zehn Prozent. Das
ist gut, man liegt weich auf dieser Matratze, aber wer bin
ich? Vielleicht sollte man klingeln, einmal dem Zimmer-
mädchen, zweimal dem Kellner, und fragen, wer man ist.
Oder wer die Frau ist. Sie schläft, hat den Mund leicht
geöffnet, lächelt im Schlaf. Sie hat dunkles Haar, zarte
Haut. Soll ich sie wecken und fragen? Ich habe keine Erin-
nerungen, bin nie vorher gewesen, bin eben und neu ge-
boren. Wie klingt meine Stimme?

MAX: Hallo, hallo, hallo, hallo, hallo.

JUSSUF: *Eine ganz fremde Stimme. Ich kenne sie nicht. Leider*
weiß ich auch nicht, wie meine Stimme in Wirklichkeit
klingen müßte. Vielleicht ist diese hier die rechte. Das sind
schwierige Fragen für einen Neugeborenen.
Und ich stehe auf, die Welt zu ergründen. Eine Tür ist da,
die auf den Balkon führt. Ich trete hinaus. Ein dampfender
Sonnentag. Bäume, einen Abhang hinunter bis zu einem
breiten Fluß. Ein Felsklotz drüben. Vielleicht die Loreley?

MAX: Dann wäre es der Rhein dort unten. Und die Trom-
pete in der Ferne?
Man hört einige herübergewehte Trompetenklänge „Behüt
dich Gott".
Also bin ich in Säckingen. Das stimmt freilich geographisch
nicht ganz zusammen. Aber irgend etwas entsetzlich Deut-
sches ist in mir. Wo bin ich? Wer bin ich?
ANITA *aus dem Zimmer:* Maximilian!
MAX: Eine Stimme.

ANITA: Maximilian!
MAX: Die Frau im Zimmer.
ANITA: Maximilian!
MAX: Meint sie mich? Heiße ich Maximilian?

JUSSUF: *Der Name kommt mir bekannt vor. Ganz nahe an dem Leben, das mir auf der Zunge schwebt und das ich nicht aussprechen kann.*

Wie vorher sind auch im folgenden die Stimmen von Max und Jussuf räumlich unterschieden.

MAX *geht in das Zimmer:* Ja, bitte?
JUSSUF: *Eine unangenehme Situation. Wer ist die Frau? Und mein Schlafanzug erschwert eine geordnete Unterhaltung.*
ANITA: Warst du auf dem Balkon?
JUSSUF: *Eine Frage, die noch zu nichts verpflichtet.*
MAX: Ja, ich war auf dem Balkon.
JUSSUF: *Aber was nun?*
ANITA: Wie ist das Wetter?
MAX: Es wird ein schöner Tag. Fallender Nebel.
JUSSUF: *Man sollte den Rhein erwähnen, um wenigstens die Geographie zu klären.*
MAX: Eine hübsche Aussicht, direkt auf den Rhein.
JUSSUF: *Das war gut.*
ANITA: Du meinst, auf die Donau.
JUSSUF: *Das überrascht mich.*
MAX: Auf die Donau.
ANITA: Du bist abwesend.
JUSSUF: *Noch am Rhein, und der ist weit.*
MAX: Moment, ich bin gleich da.
ANITA *lacht.*
JUSSUF: *Warum lacht die Person?*

ANITA: Sag mir Guten Morgen!

JUSSUF: *Sie faßt es als Annäherung auf. Peinlich.*

MAX *forciert:* Guten Morgen.

ANITA: Was hast du, Maximilian?

JUSSUF: *Wieder dieser Name.*

MAX: Was ich habe?

JUSSUF: *Einen Ehering an der Hand. Sie trägt auch einen. Sollte etwa —? Es wäre entsetzlich.*

ANITA: Du siehst mich an, als wenn ich dir fremd wäre.

JUSSUF: *Wie soll ich sie anders ansehen? Die Geographie ist unergiebig. Eine Entscheidung erzwingen: Ottilie, Paula, Anita.*

MAX: Guten Morgen, Anita.

ANITA *spitz:* Sagtest du schon.

JUSSUF: *Anita scheint richtig zu sein.*

MAX: Du reitest auf einem Apfelschimmel und wirfst mir Kußhände zu.

ANITA: Das ist Gott sei Dank vorbei.

JUSSUF: *Meine Ahnungen.*

MAX: Vorbei?

ANITA: Traurig deswegen?

MAX: Was die Kußhände betrifft.

JUSSUF: *Gelogen! Reine Höflichkeit. Wie bin ich nur an diese Person geraten? Offenbar verheiratet, offenbar eine Hochzeitsreise. Der Trompeter von Säckingen. Ich weiß nicht, was soll es bedeuten. Und das alles an der Donau. Ich kann nur hoffen, daß ich jemand bin, den die Geographie so wenig beunruhigt wie das Personenstandsregister.*

MAX *schwermütig:* Was die Kußhände betrifft.

ANITA: Nicht mehr nötig, keine Entfernungen mehr, du bist an der Quelle.

JUSSUF: *Brigach und Brege, und ich hatte die Hoffnung auf Graubünden. Diese schamlosen Quellen, in Stein gefaßt und mit neckischen Inschriften. Anita, die Quelle. Daneben*

Butterbrotpapier und Limonadenflaschen. Offenbar bin ich jemand, dem es auf nichts ankommt. Vorwärts, Maximilian, vorwärts!

MAX: Ich bin an der Quelle.

ANITA: Küsse soviel du willst, trockene, feuchte und überallhin.

JUSSUF: *Das geht zu weit. Der Trauschein ist kein Paß für Schamlosigkeiten. Man muß energisch sein.*

MAX: Ich will dir ein Geständnis machen, Anita. Ich bin nicht Maximilian, ich weiß nicht einmal, wer das ist. Ich bin Jussuf, der Tiger.

ANITA *kichert.*

JUSSUF: *Das war übereilt. Man braucht Umwege bis dahin.*

MAX: Ich bin William, der Dompteur.

ANITA *kichert:* Dompteur!

MAX: William.

ANITA: Ist tot.

JUSSUF: *Eigentlich kein Grund zum Lachen.*

MAX: Tot oder nicht, ich bins.

JUSSUF: *Daran ist etwas Wahres. Mir steigen Erinnerungen auf.*

MAX: Der Käfig. Jussuf blinzelt mit seinen gelben Augen zu William hin, der mit Cortes vor den Stäben steht.

ANITA: Wie weit weg das ist, Gott sei Dank!

MAX: Ganz nahe, Anita.

ANITA: Ich will nichts davon hören.

MAX: Genau mußt du es hören, Anita!

WILLIAM: Im Vertrauen, Cortes, ich habe die Absicht, Anita zu heiraten.

CORTES: Ich weiß nicht, William, warum mein Ohr für Geständnisse so besonders geeignet ist. Ich bin Clown und von mürrischer Gemütsart, außerdem magenleidend. Fünf

Kinder hängen mir am Fuß. Und was muß ich hören? Der Messerwerfer hat Schwierigkeiten mit der Religion, der Jongleur fühlt sich in seinem Hotelzimmer nicht wohl und die Frau Direktor nicht in der Welt. Der Pferdeknecht plant einen Bankeinbruch, du brauchst Anita, und Anita braucht einen Pelzmantel.

WILLIAM: Sie hat ihn schon.

CORTES: Gott sei Dank ein Kummer weniger.

WILLIAM: Und ich habe keinen Kummer.

CORTES: Sagtest du nicht, du wolltest sie heiraten? Nein, lieber William, sprich nicht weiter! Sowohl mein Blutdruck wie meine Herzkranzgefäße sind beklagenswert. Nicht einmal meine Haut erträgt so viel Gefühle. Du solltest dich mehr um Jussuf kümmern. Er gefällt mir nicht.

WILLIAM: Jussuf? Ist ganz in Ordnung.

CORTES: Er grübelt mir in letzter Zeit zuviel.

WILLIAM: Der und grübeln! Wenn er sein Fleisch hat, ist er zufrieden. Natürlich ohne Knochen. Sein Gebiß läßt nach.

CORTES: Vielleicht hat er Zahnschmerzen. Jedenfalls vermute ich, er kann noch ganz gut beißen.

JUSSUF: Hörst du das, Jussuf?

Der Tiger brüllt.

WILLIAM: Dein Auftritt, Cortes!

CORTES: Um das noch zu sagen: Du kannst deine Nummer mit Jussuf ausfallen lassen, wenn du seelisch zu erregt bist.

WILLIAM *lacht:* Seelisch erregt!

CORTES: Ein Pelzmantel, immerhin.

WILLIAM *stolz:* Polarfuchs. Und eine Gelegenheit. Siebzehnhundert Mark.

CORTES: Ja, im Frühjahr sind sie billiger. Am besten, du meldest dich krank.

WILLIAM: Krank? Ich sprühe Funken. Ich lebe zum ersten Mal.

CORTES: Das meine ich.

Entfernte Musik. Beifall.

MAX: *Ich aber lag blinzelnd hinter den Gitterstäben und wartete. Denn ich war Jussuf, der Tiger. Entfernt hörte ich die krähende Stimme des Clowns Cortes und das Lachen der Menschen. Dann wurde es still. Das Gitter wurde hochgezogen, und ich lief durch den Laufgang in die Manege.*
Ich brüllte, wie es sich für diesen Augenblick gehört; William betrat den Käfig. Ich sprang, wie es sich ebenfalls gehört, auf meinen Schemel. Du kennst das Programm: Wilde Gebärden, Zähne und Krallen zeigen, Angst vor Peitsche und Stock, alle Künste mit Widerwillen getan, aber dem Menschen gehorsam. Wichtiger als der Sprung durch den brennenden Reifen ist die Gefahr. Du weißt das alles, es ist das Sichtbare, das jeder sehen, der Schauer auf der Haut, den jeder fühlen kann. Aber wahrscheinlich weißt du nicht, daß jede Vorführung ein Dialog ist, in einer Sprache geführt, die es nicht gibt, ein stummer Dialog, der auch den Beteiligten kaum bewußt ist. Man kann ihn allenfalls übersetzen; es ist schwierig, weil das Original fehlt, und beweist zudem die Unvollkommenheit aller Übersetzungen. Höre immerhin die Übersetzung des Gespräches, das William an jenem Abend mit mir führte, als du fort warst, Anita, als Cortes in einem Winkel die Fakkeln bereit hielt, um halb zehn, vor dreiviertel vollem Haus, unterbrochen von Peitschenknall und ermunterndem Zuruf, begleitet von einer gleichsam ängstlichen Musik. Aber sie dringt nicht in unser Gespräch, wir führen es anderswo.

WILLIAM: Guten Abend, Jussuf.
JUSSUF: Guten Abend, William.
WILLIAM: Wie fühlst du dich?

JUSSUF: Danke, es geht. Ich habe heute an meine Mutter gedacht. Eine Erinnerung, die in der rechten Kinnlade hinten begann.

WILLIAM: Rechts hinten? Eine Vermutung von Cortes, allerdings ohne Ortsangabe. Er sagt, du grübelst zuviel.

JUSSUF: Zum Beispiel, daß ich einsam bin.

WILLIAM: Auch rechts hinten?

JUSSUF: Rechts oben, etwas weiter vorn.

WILLIAM: Wir müssen anfangen, Jussuf.

JUSSUF: Bitte.

Leise Musik. Peitschenknall. Beifall.

JUSSUF: Du bist nicht in Form, William. Schwing die Peitsche ruhiger!

WILLIAM: Entschuldige, ich werde mir Mühe geben.

JUSSUF: Und schau nicht zuviel ins Publikum.

WILLIAM: Ich suche Anita. Sie scheint nicht da zu sein.

JUSSUF: Aber immerhin Menschen genug. Dagegen habe ich nicht ein einziges Mal einen Tiger im Publikum gesehen. Warum nicht? Man wüßte, wozu man da ist.

WILLIAM: Ein Beweis, wie schlecht es ist nachzudenken. Man kommt zwangsläufig auf unangenehme Fragen.

JUSSUF: Und dann, William, fiel mir ein, ich weiß nicht, ob von rechts oben oder rechts unten: Es gibt hinter Käfig und Zirkus noch eine andere Welt.

WILLIAM: So etwas sollte dir nicht einfallen. Wir müssen einen Zahnarzt bestellen.

JUSSUF: Auch wenn ich hinter Gittern geboren bin, ist das ein Beweis, daß es nichts anderes gibt als Gitter? Wo ist zum Beispiel meine Mutter geboren?

WILLIAM: Sprechen wir nicht davon.

JUSSUF: Du machst es dir leicht.

WILLIAM: Still jetzt! Weiter!

JUSSUF: Ich werde knurren und dich anfauchen. Mir ist danach, und außerdem sieht es besser aus.

Fauchen des Tigers. Geraun und Schreie in der Menge. Peitschenknall.

WILLIAM: Hopp!

Beifall.

JUSSUF: Ja, und daß ich gelb bin und gestreift. Warum bin ich gelb und gestreift?

WILLIAM: Du mußt zugeben, daß es dir früher nie aufgefallen ist.

JUSSUF: Und wozu habe ich Zähne? Wozu habe ich Krallen?

WILLIAM: Zum Packen, zum Beißen.

JUSSUF: Ist das alles? Mir scheint da ein Geheimnis zu stekken.

WILLIAM: Schlechte Gedanken, Jussuf, und nicht nur schlecht. Es sind keine Gedanken, es sind Zahnschmerzen. Und selbst, wenn es Wahrheiten wären —

JUSSUF: Es sind Wahrheiten.

WILLIAM: Wenn man herausfindet, woher sie kommen, sind es keine mehr.

JUSSUF *erstaunt:* Ach?

WILLIAM: Zumindest wenn sie unangenehm sind.

JUSSUF: Und bei den angenehmen?

WILLIAM: Sucht man nicht.

JUSSUF *ratlos:* Wenn ich dich höre, William, bleibt mir wirklich nichts anderes als durch den Reifen zu springen.

WILLIAM: Das wollte ich sagen.

Musik. Peitschenknall. Stille. Beifall.

JUSSUF: Bei alledem, William: Du dirigierst mich schlecht.

WILLIAM: Es liegt daran, daß Anita nicht da ist.

JUSSUF: Bei mir sagtest du Zahnschmerzen. Was soll ich davon halten? Soll ich tun, was i c h will?

WILLIAM: Nein.

JUSSUF: Ich fürchte mich auch davor. Wenn ich überhaupt etwas will, muß es mit meinen Erinnerungen zusammenhängen. Die Wahrheiten oben rechts und unten rechts, jedenfalls gelb gestreift und meine Mutter. Hilf mir, William, daß ich nicht tun muß, was ich will.

WILLIAM: Ich habe dir bereits bewiesen, Jussuf, daß es auf der Welt nichts als Reifen gibt.

JUSSUF: Von Anita abgesehen, die nicht da ist.

WILLIAM: Und höchstens mich beweist.

JUSSUF: Schweigen wir davon. Jedenfalls kann ich mehr als du denkst. Purzelbaum schlagen, die Musik dirigieren, Walzer tanzen.

WILLIAM: Hör auf!

JUSSUF: An der schönen blauen Donau?

WILLIAM: Überzeugt mich nicht. Bleiben wir bei der Sache, ich bitte dich.

JUSSUF: Alles was du willst, aber du mußt es mir sagen.

WILLIAM: Auch eine höfliche Rebellion kann ich nicht zulassen. Ich dachte, wir wären Freunde.

JUSSUF: Freunde, — meinetwegen! Aber einer muß es mir sagen; wenn nicht du, dann vielleicht meine Mutter.

WILLIAM: Immer die alten Geschichten, die längst widerlegt sind!

JUSSUF: Du zwingst mich also. William, wo ist meine Mutter geboren?

WILLIAM: Im Dschungel, Jussuf, immer noch unter Freunden gesagt.

JUSSUF: Dschungel, das ist also das Wort.

WILLIAM: Das Gelbe in deinem Fell ist die Sonne, die schwarzen Streifen der Schatten des Rohrs.

JUSSUF: So gesprächig, William? Und meine Zähne?
WILLIAM: Es lohnt sich nicht, darüber zu reden.
JUSSUF *drohend:* Und meine Zähne, William?

Peitschenknall. Brüllen des Tigers. Ein Schrei, Williams
Schrei, der sich vielstimmig im Publikum fortsetzt.

MAX: *William brauchte nicht mehr zu antworten. Als ich*
sein Blut schmeckte, wußte ich alles, was ein Tiger zu wis-
sen hat. Freilich war meine Tigerschaft im gleichen Augen-
blick gewonnen und verloren. Ich war nicht mehr Jussuf
allein, ich war zugleich William geworden. Daß ich mich
leblos vor mir selber liegen sah, empfand ich dabei als un-
gehörig, jedenfalls empfahl es sich, diese Situation schleu-
nigst zu verlassen. Es war mir, genauer gesagt: William
und mir, auch peinlich, soviel Aufregung hervorgerufen zu
haben: Ein toter Dompteur im Käfig, schreiende Zuschauer,
weinende Kinder, der alberne Cortes, der eine Pechfackel
zwischen die Gitterstäbe schob und mich als Bestie be-
schimpfte, — nein, all dem waren meine Nerven nicht ge-
wachsen, und ich öffnete eilig die Tür des Käfigs und emp-
fahl mich.
Als man mich fliehen sah, verstärkte sich das Geschrei im
Zirkus. Mit wenigen Sätzen erreichte ich das Freie, die
Nacht, einige Dunkelheit zwischen den Laternen. Williams
Ortskenntnis zusammen mit Jussufs Zahnschmerzen erga-
ben eine entschlossene und fehlerlose Rückzugsroute. Auch
kam mir die Intelligenz der Nacht zu Hilfe, die einen
öffentlichen Park hergerichtet hatte, ohne Laternen, mit
dichten finsteren Gebüschen, eigens, um mein helles Fell zu
verbergen. Dankbar kauerte ich mich nieder, in der Ab-
sicht, über die Ereignisse des Tages zu meditieren, — da
störten mich Stimmen auf. Eine davon gehörte dir, Anita,

die andere Maximilian. Die Wörter ich und mein will ich
vermeiden. Jussuf und Maximilian waren damals noch
gut auseinander zu halten.

ANITA: Da, endlich ein Stern.

MAX: Ja, es ist alles da: Ein Stern, das flüsternde Laub um
uns. Hörst du die Nachtigallen?

ANITA: Es sind Frösche.

MAX: Das kommt auf dasselbe heraus. Dazu der betäubende
Blumenduft, Lindenblüte, Kamille, Pfefferminz, zwei Herzen im gleichen Takt, ich brauche gar nicht zu sagen in
welchem, es wird alles unvergeßlich bleiben.

ANITA: Wir passen zusammen. Du hast auch soviel Sinn für
Stimmung.

MAX: Ja, den habe ich. Kurzum, wollen wir gehen?

ANITA: Wie?

MAX: In meine hübsche kleine Wohnung, zwei Zimmer, Bad
und Kochnische.

ANITA: Ich hatte dich auf sechs bis acht Zimmer geschätzt.

MAX: Zweiunddreißig ohne zu prahlen. Aber es kommt
mehr auf die Freiheit an. Eltern sind neugierig.

ANITA: Geschwister noch mehr.

MAX: Ich habe keine.

ANITA *träumerisch:* Keine Geschwister? Wir waren zu Hause
siebzehn. Wie ist es ohne?

MAX: Das Erbe teilt sich nicht durch siebzehn.

ANITA: Das ist der Unterschied.

MAX: Ja.

ANITA: Am Ende brauchst du gar nicht zu arbeiten?

MAX: Ich bin Juniorchef in der Firma.

ANITA *seufzt.*

MAX: Was hast du?

ANITA: Es ist alles so schön. Der Abend, die Gespräche mit
dir, man lernt sich immer besser kennen.

MAX: Ich kenne noch zu wenig von dir.

ANITA: Und dann die Frösche in der Ferne.

MAX: Die besonders.

ANITA: Vielleicht sind es auch Nachtigallen.

MAX: Kaum zu unterscheiden. Jedenfalls ist alles sehr stimmungsvoll. Mein Jahreseinkommen — *Er unterbricht sich.*

ANITA: Sprich nur weiter, ich höre deine Stimme so gern.

MAX: Mir war es, als ob —

ANITA: Was?

MAX: Ein Rascheln im Gebüsch.

ANITA: Und in diesem Augenblick? Nein, Maximilian, jetzt keine Unterbrechung mehr! Und wenn es der Fiskus selber ist, der lauert —

MAX: Tote Posten aus der Bilanz.

ANITA: Gespenster also. Sprich weiter, Geliebter. Für alle Fälle: mir ins Ohr. *Flüsternd* Dein Jahreseinkommen?

MAX *ebenso:* Im Durchschnitt sechzigtausend.

ANITA *ebenso:* Netto?

MAX *ebenso:* Natürlich.

ANITA *strahlend:* Es sind doch Nachtigallen.

MAX: Habe ich gleich gesagt. Aber —

ANITA: Ich habe die besten Ohren. Nichts zu hören und nichts zu sehen. Außer — schau, Max!

MAX: Wo?

ANITA: Johanniskäfer.

MAX: Die rascheln nicht.

ANITA: Zwei nebeneinander. Wie Augen.

MAX: Zwei Sterne, du und ich.

ANITA: Wie schön du das sagst!

MAX: Symbolisch für unsere Liebe.

ANITA: Ganz symbolisch, Maximilian. Fang sie mir!

MAX: Gern, wenn sie so lange stillhalten.

Er steht auf und geht zwei Schritte. Der Tiger faucht. Max und Anita schreien auf.

MAX: *Schreiend liefen die beiden zur hell erleuchteten Straße hinüber. Sie hätten sich weniger beeilen müssen, es lag mir fern, ihnen gegenüber den Tiger herauszukehren; doch lasse ich mich, wie jedermann, nicht gern in die Augen fassen. Der Teil William in mir erwies sich nicht als gewalttätig sondern als elegisch leidend. Tränen strömten mir aus den Augen, die Max für Leuchtkäfer gehalten hatte, mein Schluchzen bewegte die Fliederbüsche, und als zu allem Überfluß ein zuerst feiner, dann immer gröber werdender Regen einsetzte, unter dem ich willenlos liegen blieb, geriet ich nach einigen Stunden in einen durchweichten und beklagenswerten Zustand, der auch für meinen hohlen Zahn ungünstig war.*

Unter diesen Umständen war es fast ein Glück zu nennen, daß die Jagd auf Jussuf den Tiger begann, eine systematische Aktion von Feuerwehr, Polizei, Scheinwerfern und Panzerwagen. Ich mußte mich wohl oder übel von meinen trüben Gedanken losreißen und beobachtete von meinem Parkversteck den Aufmarsch gegen mich. In einem günstigen Augenblick schlich ich davon, schlug einen Bogen und kam an der andern Parkseite noch unbemerkt an Häuser und Straßen heran, sprang über den Zaun einer Kohlenhandlung und wälzte mich kräftig im Brikettstaub, um mein Fell zu verdunkeln. Bis zur Unkenntlichkeit verschmiert verließ ich den Schuppen, schwang mich mit einem Satz über die Mauer und auf die Straße. Eine große Sehnsucht nach menschlicher Gesellschaft und nach menschlicher Gestalt ergriff mich. Ich schlich an den Häuserwänden entlang und suchte nach einer verwandten Seele. Endlich erblickte ich in einer Seitenstraße ein Licht. Es schien aus einem Keller zu kommen. Ich pirschte mich heran; es war eine kleine Bäckerei, der Meister zog eben die ersten Morgensemmeln aus dem Ofen.

RICHARD: Guten Morgen, meine Semmeln, guten Morgen! Seid ihr alle da? Und wie fühlt ihr euch?

Ihr habt recht, nicht zu antworten. Es sind rhetorische Fragen, wenn ich an die Schöpferkraft denke, mit der ich an Mulde und Ofen getreten bin. Ich habe euch gewalkt, geknetet, gestäubt, und wenn ihr Religion hättet, kenntet ihr euch aus. Ich gebe euch keine Sünden mit, um euch zu strafen; ich bin ohne Zorn und Donner und lasse euch Vollkommenheit zuteil werden, die sphärische Harmonie zwischen Innen und Außen, zwischen Ober- und Unterhitze, zwischen Spröde und Nachgiebigkeit. Die Vollkommenheit, ihr Lieben, die mir fehlt. —

Einen Augenblick! Wie bin ich in diesen dornigen Satz geraten? Meine Beredsamkeit erschreckt mich. Die Semmeln dialektisch, und die Genesis im Ofenrohr, — nicht genug Kuchenbleche für die Zweifel der Rosinen und die Ketzerei des Streusels. Beschränkung ist der Rat der Weisen. In den Schrank mit Mehl und Erkenntnissen, und deckt sie gut zu! Damit das Salz endlich dumm werde und die Vollkommenheit vollkommen — genug, sela, amen.

Er seufzt. Denn es handelt sich um die Unvollkommenheit, um die Unterhitze, die mir fehlt. Die Nachwelt wird nichts Rühmendes über mich berichten, nicht einmal das Lokalblatt. Was begreifen sie, daß ich meine Seele in die Semmeln lege? Ich breche kein Herz, ich plündere keinen Tresor, ich begehe keinen Lustmord. Ich springe auch nicht vom Fünfmeterbrett. Aber wenn Paula findet, ich sei kein Mann, — je nun, vielleicht liegt es daran, daß sie keine Frau ist.

Der Tiger faucht.

Wie bitte? Ist da jemand?

JUSSUF: Ich, Herr Bäckermeister, hinter dem Ofen in der Ecke.

RICHARD: Suchen Sie Arbeit? Sind Sie Bäcker von Beruf?

JUSSUF: Tiger, Herr Bäckermeister, von Beruf Tiger, und in der Tat ohne Arbeit.

RICHARD: Tiger?

JUSSUF: Lassen Sie Ihre Semmeln nicht anbrennen! Es riecht hier merkwürdig.

RICHARD: Tiger?

JUSSUF: Seien Sie nicht so erschrocken, es grenzt an Albernheit. Jussuf ist mein Name.

RICHARD: Matthisson, Richard Matthisson.

JUSSUF: Ich gebe zu, daß es zuerst meine Absicht war, Sie zu fressen.

RICHARD: Mein Gott!

JUSSUF: Ich habe es mir überlegt. Ich käme mit den Knochen nicht zurecht, bin augenblicklich zahnleidend.

RICHARD *jammernd:* Das heißt akut reizbar.

JUSSUF: Ziemlich. Zudem hungrig.

RICHARD: Das dachte ich mir.

JUSSUF: Also los!

RICHARD: Was?

JUSSUF: Semmeln.

RICHARD: Sechs? Acht? Ein Dutzend, wenn Sie wollen.

JUSSUF: Zittern Sie nicht! Sie werfen alle daneben. Ein Tiger, der reden kann, läßt auch mit sich reden.

RICHARD: Daran zweifle ich noch.

JUSSUF *kauend:* Ihre Semmeln sind miserabel. Ich verstehe nicht, warum die Menschen jeden Morgen eine solche teigige Masse in sich hineinschlingen. Diese hier ist völlig verbrannt. Allerdings nur außen. Innen hat sie die gleiche Gummikonsistenz wie die andern.

RICHARD: Die Leute wollen es so. Aber Ihr Urteil ist mir sehr interessant.

JUSSUF: So?

RICHARD: Sie halten diese Semmeln also nicht für vollkommen?

JUSSUF: Im Gegenteil.

RICHARD: Das wirft ein ganz neues Licht auf die Religion.

JUSSUF *mürrisch:* Immerfort die letzten Dinge, wenn noch nicht einmal der Teig ausgebacken ist.

RICHARD *fährt fort:* Von meinem Innenleben ganz zu schweigen.

JUSSUF: Auch nicht interessant.

RICHARD: Beweise gegen Paula. Vielleicht ist gerade die Unvollkommenheit —

JUSSUF: Kommen wir zur Sache.

RICHARD: Zu welcher Sache?

JUSSUF: Ich habe die Absicht, ein Mensch zu werden.

RICHARD: O je!

JUSSUF *scharf:* Was meinen Sie damit?

RICHARD: Ehrlich gesagt — Aber ich wollte Ihnen nicht widersprechen.

JUSSUF: Es wäre zwecklos. Ich will ein Mensch werden.

RICHARD: Bitte sehr.

JUSSUF: Deshalb müssen Sie ein Tiger werden.

RICHARD: Ich ein Tiger? Nein, danke. Bei aller Unvollkommenheit, ich wollte sagen Vollkommenheit —

JUSSUF: Leider kann ich nicht lange darüber diskutieren. Wir tauschen jetzt einfach unsere Gestalt.

RICHARD: Das nennen Sie einfach?

JUSSUF: So.

RICHARD: Oh — ooh — *Sein Stöhnen geht in das Fauchen des Tigers über.*

JUSSUF: Jetzt sind Sie der Tiger in der Ecke.

RICHARD *fauchend:* Mein Gott.

JUSSUF: Und ich bin der Bäcker Matthisson und ziehe die Semmeln aus dem Ofen.
Er tuts.
Wie fühlen Sie sich?

RICHARD: Angebrannt wie meine heutigen Semmeln.

JUSSUF: Und ich wie ein Sauerteig ohne Verwendung. Ist es das Übliche?

RICHARD: An guten Tagen. Sonst wie eine Schabe, die ins Brot gebacken ist.

JUSSUF: Das halte ich nicht lange aus.

RICHARD: Ich auch nicht. Mir tut etwas weh.

JUSSUF: Es sind nicht nur die Zähne, sondern auch der Magen. Denken Sie daran, was ich bei Ihnen essen mußte.

RICHARD: Ich selbst esse nie Semmeln.

JUSSUF: Alles für Anita.

RICHARD: Und ich? Für wen habe ich Zahnschmerzen und Magendrücken? Für wen ein gelbes Fell?

JUSSUF: Alles für Anita.

RICHARD: Ein Irrtum. Die meinige heißt Paula. *Triumphierend*. Sie wird sich wundern.

JUSSUF: Die Frage ist jetzt, wie ich als Bäckermeister zu Anita komme.

RICHARD: Vielleicht eine Lieferung? Bessere Backware, wie wir sie im Laden haben? Eine Auswahlkollektion?

JUSSUF: Mir fehlt die Adresse.

RICHARD: Das ist eine Nachlässigkeit.

JUSSUF: Es kam alles so plötzlich.

RICHARD: Bei mir auch. Aber die Adresse habe ich. Außerdem brauche ich nicht zu Paula zu kommen. Hören Sie!
Schritte, die Treppe hinab.

RICHARD *flüsternd*: Sie kommt von selbst.
Ich bleibe in der Ecke. Machen Sie es gut!

JUSSUF: Kein Wort sprechen! Knurren, wenn ich den Einsatz gebe.

RICHARD: Einsatz?

JUSSUF: Kurzes Hüsteln beiseite. So! *Er hüstelt.*

RICHARD: Gut!

PAULA *scharf:* Richard!

JUSSUF *schmelzend:* Liebling!

PAULA *giftig:* Larifari!

JUSSUF: Daß du mich in der Backstube besuchst!

PAULA: Keine Aussicht auf gutes Wetter. Sprich endlich wie ichs gewöhnt bin. Heraus mit den ranzigen Dummheiten!

JUSSUF *immer noch süß:* Hast du gut geschlafen?

PAULA: Da ist die erste. Geschlafen! Bei diesem Lärm?

JUSSUF *gleichmütig:* Ich habe mich mit der Katze unterhalten.

PAULA: Seit wann haben wir eine Katze?

JUSSUF *freundlich:* Seit heute.

PAULA: Zugelaufen?

JUSSUF: Ja.

PAULA: Ich mag Katzen nicht. Das Tier wird abgeschafft.

JUSSUF *hüstelt.*

RICHARD *knurrt.*

PAULA: Was war das?

JUSSUF: Die Katze.

PAULA *unsicher:* Hört sich merkwürdig an.

JUSSUF *lockend:* Minz, Maunz!

PAULA *schreit auf.*

JUSSUF: Ein hübsches Tier. So etwas hat nicht jeder.

PAULA *schwach:* Ziemlich ausgewachsen.

JUSSUF: Vielleicht eine Funktionsstörung. Das gibt es.

PAULA: Ein Kater, nicht wahr? Weibchen sind sanfter.

JUSSUF: Auch nicht immer.

PAULA: Er schnappt.

JUSSUF: Nach der Semmel.

PAULA: Da, schon läßt er sie fallen.

JUSSUF: Kann ich ihm nicht verdenken. *Er hüstelt.*

RICHARD *knurrt.*

PAULA: Wonach schnappt er jetzt? Richard, ich gehe.

JUSSUF: Nicht doch, Liebling!

PAULA: Warum hältst du mich fest?

JUSSUF: Die Liebe, Paula. Du bist so selten hier.

PAULA: Richard, laß mich los!

JUSSUF *hüstelt.*

RICHARD *knurrt.*

PAULA: Ich weiß, was du vorhast. Ich soll ihm zum Fraße vorgeworfen werden.

RICHARD *stößt sein Tigergebrüll aus.*

PAULA *stöhnt, immer schwächer.*

RICHARD: In Ohnmacht gefallen. Hätte ich sie fressen sollen?

JUSSUF: Unterstehen Sie sich! Denken Sie daran, daß Ihnen schon die Semmeln nicht bekommen sind.

RICHARD: Sie haben es großartig gemacht. Wollen wir nicht Freunde sein? Darf ich Ihnen das brüderliche Du anbieten?

JUSSUF: Bitte sehr.

RICHARD: Jussuf!

JUSSUF: Richard!

PAULA *erwachend:* Richard!

RICHARD: Die schöne Ohnmacht schon vorbei. Es ist alles so kurz im Leben.

JUSSUF: Mir fehlt die Erfahrung.

RICHARD: Profitiere von meiner. Ich berate dich jederzeit.

PAULA: Richard!

JUSSUF: Schnell in die Ecke!

PAULA: Richard, o Richard!

JUSSUF: Guten Morgen, meine Liebe.

PAULA: Ein wüster Traum, Richard. Ich war in der Backstube —

JUSSUF: Du bist in der Backstube.

PAULA *erstaunt:* Ach — Ja, tatsächlich.

JUSSUF: Und?

PAULA: Aber daß du ein Held wärst, Richard, — so weit kann die Wirklichkeit nicht gehen.

JUSSUF: Ein Held?

PAULA: Du bewegtest dich zwanglos unter wilden Tieren. *Sie lacht.*

JUSSUF: Das ist komisch.

PAULA: Sehr.

JUSSUF: Wenn man bedenkt, daß ich nicht einmal vom Fünfmeterbrett springe.

PAULA: Wenn man das bedenkt.

JUSSUF: Dann war es ein schöner Traum.

PAULA *versonnen:* In gewisser Weise. Wenn man es in Me-
tern mißt, waren es mehr als fünf.

JUSSUF: Aber leider.

PAULA: Leider. Die verruchte Wirklichkeit.

JUSSUF: Die verruchte. *Er hüstelt.*

RICHARD *knurrt.*

PAULA *schreit auf.*

JUSSUF: Du müßtest jetzt die Semmeln austragen.

PAULA: Ich habe dich verkannt. Richard, du bist ein Held.

JUSSUF: Eine Vokabel, daß ich mich übergeben könnte. Ich
bin kein Held, ich will keiner sein. Ich bin Bäckermeister,
und wenn dir das nicht genügt, will ich mit meiner Katze
ein Gespräch führen.

PAULA: Es genügt mir.

JUSSUF *galant:* Dann also, Frau Meisterin —

PAULA: Die Semmeln austragen, ich eile.

Sie geht hastig die Treppe hinauf.

RICHARD: Fort, die Treppe hinauf und fort. Sie hat ein zar-
tes Gemüt.

JUSSUF: Eine Grenzsituation, Richard.

RICHARD: Läßt dich mit einem Tiger allein.

JUSSUF: Mich? Dich.

RICHARD: Oder mich. Oder dich. Ich kenne mich nicht aus.
Die Situation ist überhaupt — *Er kichert.*

JUSSUF: Sei nicht albern, Richard.

RICHARD: Mit einem Tiger verheiratet.

JUSSUF: Ich weiß nicht, was es da zu lachen gibt.

RICHARD: Hast du mich nicht abgehalten, sie zu fressen? Auf

die Dauer kann ich nicht für mich bürgen. *Lauernd.* Und für dich auch nicht, Bäckermeister Jussuf.

JUSSUF: Keine Dummheiten!

RICHARD: Zumal ich Zahnschmerzen habe.

JUSSUF: Stellvertretend. *Seufzend.* Ich glaube, ich bin falsch am Platz.

RICHARD: Um Gottes willen! Laß alles wie es ist, und ich behalte gern die schlechten Zähne.

JUSSUF: Ich komme hier nicht weiter.

RICHARD: Die Adresse? Meine Erfahrungen, Jussuf, laß dir raten! Das Einwohnermeldeamt, oder die Erkenntnis, daß zwischen Paula und Anita keine entscheidenden Unterschiede bestehen.

JUSSUF: Soviel Phantasie habe ich nicht.

RICHARD: Ich gebe zu, daß meine immer den Hinteraufgang benutzt. Da, wo der Müll befördert wird und die Wahrheiten, die man nicht möchte. Du kommst aus einem romantischen Milieu.

JUSSUF *erstaunt:* Ach?

RICHARD: Ein Kindermilieu, das traurig macht. *Sich ereifernd.* Lerne den Zynismus, Jussuf, und du wirst in der Welt Werte entdecken, wo keine sind. Du wirst fröhlich sein, wo die andern weinen. Du wirst aus allem das beste machen und so der Zersetzung entgegenwirken. Du wirst glücklich sein, und wer glücklich ist, dient der Menschheit.

JUSSUF: Hohe Ziele, Richard. Aber ich hoffe, du bist mir nicht böse, wenn ich die Zahnschmerzen auf mich nehme.

RICHARD *mürrisch:* Du wieder Tiger und ich wieder Bäcker? Dir ist nicht zu helfen.

JUSSUF: Du wieder Bäcker!

RICHARD *ächzend:* Ich bins.

JUSSUF: Und ich wieder Tiger.

RICHARD: Wenn du es nicht einsiehst.

JUSSUF: Jetzt ist es geschehen.

RICHARD: Ich hatte von einer Zukunft ohne Semmeln geträumt.

JUSSUF: Verzeih mir.

RICHARD: Ich kann dir nicht böse sein. Eine Zukunft mit Anita ist wahrscheinlich mehr.

JUSSUF: Leb wohl!

RICHARD: Wenn du mich brauchst, ich bin jederzeit da.

MAX: *Ich trabte auf die Straße. Es war eine günstige Stunde, um unbemerkt fortzukommen, aber eine ungünstige, um gleichgestimmte Seelen zu suchen. In der beginnenden Dämmerung war nur Paula mit ihrem Semmelkorb unterwegs, eine Gestalt, die ich bestenfalls als Notunterkunft gewählt hätte. Ich fürchtete, ihr Herz wäre eine Kuckucksuhr. Mehr als einen Halbstundenschrei hätte ich nicht ertragen.*

Doch folgte ich ihren Wegmarkierungen, den Semmelsäcken an den Türen, um vielleicht einen günstigen Schlafplatz zu finden. Richards Weltkritik hatte mich seelisch und körperlich hergenommen; es war dringend, daß ich wieder zu mir selbst und meinen eigenen Zahnschmerzen kam.

Eine Backsteinvilla in einem parkähnlichen Garten schien mir geeignet. Ich sprang über die Hecke, kroch durch den Rhododendron und begab mich in den Keller. In halber Höhe schaute ein Fenster in den rückwärtigen Teil des Gartens. Eine Terrasse war da, Blumenbeete, ein Wasserbassin, Palmen in Kübeln, — mir gefiel das, vor allem in Verbindung mit dem Backstein, der ja Ordnungssinn voraussetzt. Befriedigt streckte ich mich auf den Briketts aus und schlummerte ein wenig.

Als ich erwachte, war draußen auf der Terrasse ein Frühstückstisch gedeckt, für zwei Personen, von denen ich aller-

*dings nur eine sah, eine ältere Dame. Ich glaubte, von
ihrem verschnittenen Jackenkleid auf einen geduldigen
Charakter schließen zu können, und nahm deswegen ihre
Gestalt an.*

OTTILIE: Noch eine Semmel?

RIMBÖCK: Sie schmecken mir nicht. Wechsle den Bäcker!

OTTILIE: Sie sind überall gleich.

RIMBÖCK: Also nirgends schlechter. Das tröstet.

OTTILIE: Steht etwas von dem Tiger in der Zeitung?

RIMBÖCK: Man findet ihn nicht.

OTTILIE: Dann hätten wir nicht im Garten frühstücken
sollen.

RIMBÖCK: Deine Idee.

OTTILIE: So gefährlich wird es nicht sein. Das Tor ist verschlossen.

RIMBÖCK: Und wer zwingt uns zu öffnen, wenn er klingelt?
Was hast du da für ein Buch?

OTTILIE: Ach, das ist nichts.

RIMBÖCK: Es sieht aus wie ein Kassenbuch. Ich wußte nicht,
daß du die Haushaltsausgaben notierst.

OTTILIE: Nein, das tue ich nicht. Willst du deinen Kaffee
nicht trinken?

RIMBÖCK: Er schmeckt auch nicht gut. *Er trinkt.* Pfui Teufel!

OTTILIE: Wenn du es durchaus wissen willst, es ist ein Kontokorrent.

RIMBÖCK: Nein, ich will es nicht wissen.

OTTILIE: Es ist ein Kontokorrent, das uns beide betrifft.

RIMBÖCK: Habe ich Schulden bei dir?

OTTILIE: Offen gesagt, habe ich das Buch mitgebracht, damit
wir abrechnen können.

RIMBÖCK *lachend:* Du machst mich neugierig.

OTTILIE: Ich kann dir nicht alles vorlesen, aber du wirst

schon nach einigen Eintragungen sehen, worum es sich handelt.

RIMBÖCK: Also bitte.

OTTILIE: Die erste Eintragung ist vom 17. Mai 1922.

RIMBÖCK: Vom 17. Mai 1922? Das ist ja dreißig Jahre her. Das ist ja –

OTTILIE: Es ist fünf Tage nach unserer Hochzeit.

RIMBÖCK: Und was hast du da notiert?

OTTILIE: Es steht hier: „Gesagt, daß er mich des Geldes wegen geheiratet hätte und keine Spur von Liebe für mich empfände."

RIMBÖCK *gezwungen lachend:* So? Habe ich das gesagt?

OTTILIE: Ja.

RIMBÖCK: Möglich. Ich habe vieles gesagt. Außerdem stimmt es. Ich gebe es offen zu. Und du, du hast das alles notiert?

OTTILIE: Ja, ich habe das alles notiert.

RIMBÖCK *kichernd:* Dreißig Jahre lang.

OTTILIE: Dreißig Jahre lang.

RIMBÖCK: Da muß allerhand zusammen gekommen sein bis heute.

OTTILIE: Bis heute.

RIMBÖCK: Warum betonst du das?

OTTILIE: Ich habe alle Posten des Kontokorrents nach einem bestimmten Punktsystem bewertet.

RIMBÖCK: Ach!

OTTILIE: Zum Beispiel, was ich dir eben vorgelesen habe.

RIMBÖCK: Vom 17. Mai 1922?

OTTILIE: Hundert Punkte.

RIMBÖCK: Ist das nicht etwas zuviel für die Wahrheit?

OTTILIE: Du kennst den Maßstab nicht. Hundert Punkte bedeuten ein verhältnismäßig geringes Vergehen. Es gab welche bis zu tausend Punkten.

RIMBÖCK: So? Was denn zum Beispiel?

OTTILIE *blätternd:* Zum Beispiel: Am 10. November 1922.

„Er weckt mich nachts, erzählt mir, daß er soeben mit G. B. zusammen war, und erzählt mir, was alles an ihr schöner sei als an mir. Mit Einzelheiten."

RIMBÖCK: Immerhin, auch das war die reine Wahrheit.

OTTILIE: Oder am 5. März 1923. „G. B. mitgebracht. Ich mußte ihnen das Abendbrot und das Bett richten."

RIMBÖCK: Nun, liebe Ottilie, ich zweifle nicht daran, daß du da auf eine ganz schöne Summe gekommen bist.

OTTILIE: Bis heute.

RIMBÖCK: Bis heute. Meinetwegen bis heute. Warum betonst du das immer? Jedenfalls weiß ich, daß ich kein Engel war. Ich habe dich nicht geliebt, ich habe dich behandelt wie — wie —

OTTILIE: Erlassen wir uns den Vergleich. Aber er ist ohne Zweifel richtig.

RIMBÖCK: Also gut. Ich bin ein schlechter, ein widerwärtiger Mensch, ein Sünder. Aber du? Bist du völlig rein? Völlig makellos?

OTTILIE: Keineswegs. Es handelt sich ja um ein Kontokorrent. Ich habe auch meine Schulden notiert.

RIMBÖCK: Ach? Darf man davon etwas hören?

OTTILIE: Aber freilich. Zum Beispiel: „1. Juni 1925. Ehebruch."

RIMBÖCK: Ach! Davon wußte ich nichts.

OTTILIE: Nein.

RIMBÖCK: Und wie hast du das gewertet?

OTTILIE: Wie würdest du es werten?

RIMBÖCK: Nach deinem System ungefähr mit 500 Punkten.

OTTILIE: Ich habe 1000 gerechnet. Außerdem 1000 dafür, daß ich es dir verschwieg. Hätte ich es dir gesagt, wären es ebenfalls 1000 gewesen. Du siehst, ich war nicht nachsichtig mit mir selber.

RIMBÖCK: Du hast mich also betrogen.

OTTILIE: Es war das einzige Mal.

RIMBÖCK: Entschuldige dich nicht. Wir haben ja dein Konto-korrent.

OTTILIE: Ganz recht. Wir brauchen nicht mehr von Tugend, schlechtem Gewissen oder Dummheit zu sprechen. Gut und Böse sind Zahlenwerte.

RIMBÖCK *matt:* Wie beruhigend.

OTTILIE: Ich handelte immer so, daß du in der Schuld bliebst. Ich habe meine Punkte aufgespart bis heute.

RIMBÖCK: Das also waren deine moralischen Grundsätze.

OTTILIE: Ja, ich hatte welche.

RIMBÖCK: Meine Glückwünsche dazu!

OTTILIE: Später werden übrigens die Schuldposten kleiner, meist nur zehn bis fünfzig Punkte. Aber sie summieren sich. Willst du noch welche hören?

RIMBÖCK: Nein, vielen Dank. Ich will nicht in der Ver-gangenheit wühlen. Offen gesagt, hatte ich auch von dir eine Spur von Abklärung und Nachsicht erwartet. Aber du führst ein Kontokorrent, bis heute. Pfui Teufel!

OTTILIE: Daß ich ein Kontokorrent führe, habe ich mit 2000 Punkten bewertet. Ich habe es als das schlimmste in diesem Buch enthaltene Vergehen beurteilt. Ich sage dir, ich war nicht milde gegen mich. Nein, alles nach bestem Wissen und Gewissen. Dennoch: bis heute hast du genau 100 000 Punkte erreicht. Ich selbst habe 58 000 Punkte. Es bleibt ein Saldo von 42 000 Punkten zu meinen Gunsten. Ich dachte, wir könnten heute einmal das Konto ausgleichen.

RIMBÖCK: Mir ist ganz elend von dieser Geschichte. Wie willst du das ausgleichen?

OTTILIE: Ist dir nicht wohl?

RIMBÖCK: Nein, ich werde mich etwas hinlegen.

OTTILIE: Warte noch einige Minuten. Du fragst, wie ich das ausgleichen wolle. 42 000 Punkte sind nicht wenig. Ich möchte das Konto mit einem Schlage bereinigen, und nehme an, du bist damit einverstanden.

89

RIMBÖCK: Mir ist es völlig egal. Ich lege mich hin.

OTTILIE: Ich habe das Gift in deinem Kaffee mit 42000 Punkten bewertet.

RIMBÖCK: Das Gift?

OTTILIE: Du wolltest dich niederlegen. Ich würde dir raten, es bald zu tun.

RIMBÖCK: Gift? Ottilie, das ist ein schlechter Scherz.

OTTILIE: Ich freue mich, dir sagen zu können, daß unsere Konten ausgeglichen sind.

MAX: *Entschuldige, es war wirklich ein schlechter Scherz. Denn diese Szene hat nie stattgefunden. Herr Rimböck und seine Frau Ottilie leben in bestem Einvernehmen. Ihr tägliches Frühstück ist ein Beispiel ehelicher Harmonie. Ihr Schweigen verbirgt kein Kontokorrent, ihr Gespräch kein Gift. Vergiß also die eben gehörte Szene und ersetze sie durch die folgende.*

OTTILIE: Noch eine Semmel?

RIMBÖCK: Wenn ich dich bemühen darf.

OTTILIE: Honig oder Kirschkonfitüre?

RIMBÖCK: Wie du meinst, Liebe.

OTTILIE: Dann Konfitüre. Ich fürchte, der Honig schadet deinen Zähnen.

RIMBÖCK: Danke. Hast du schon Zucker im Tee?

OTTILIE: Zwei Stück bitte. Heute ist Zitronentag.

RIMBÖCK: Schon wieder? Wie die Zeit vergeht!

OTTILIE: Milch, Milch, Zitrone; Milch, Milch, Zitrone. Mein Rhythmus.

RIMBÖCK: Meiner auch.

OTTILIE: Alles gemeinsam.

RIMBÖCK: Alles.

MAX: *Und so weiter. Du kannst das nach Belieben fortset-*
zen, und die Sätze sind auswechselbar und ohne Wichtig-
keit. Wichtiger ist der Auftritt einer dritten Person, eines
jungen Mannes, der aus dem Hause auf die Terrasse
kommt. Du weißt, daß ich mich selber meine. Ähnlich wie
gestern abend in den öffentlichen Anlagen ist auch hier die
Verworrenheit der Situation recht ärgerlich. Denn wäh-
rend ich in Gestalt von Frau Kommerzienrat Ottilie Rim-
böck am Frühstückstisch sitze, bin ich es doch selber, der
dort kommt, Maximilian Rimböck, ihr Sohn, ich in einem
früheren Stadium, vor der großen Häutung.
Du wirst es verstehen, daß einem in solchen Lagen die
Sanftmut und die Weisheit des Alters verlorengehen kann.

MAX: Guten Morgen, Mama. Guten Morgen, Papa.

RIMBÖCK: Guten Morgen, Max.

OTTILIE: Guten Morgen, Max.

RIMBÖCK: Haben wir ihn jetzt hinter uns, den guten Morgen, der gar nicht gut ist?

OTTILIE: Hier wird gewünscht, nicht festgestellt.

RIMBÖCK: Es ist erbitternd, wie doch Plattheiten immer den
Nagel auf den Kopf treffen.

MAX *vermittelnd:* Gehen wir zu den guten Semmeln über.

RIMBÖCK: Die auch nicht gut sind. Da hilft kein Wunsch mehr.

OTTILIE: Was ist eigentlich gut?

MAX: Die Premiere gestern abend.

OTTILIE *verwundert:* Warst du?

RIMBÖCK: In der Zeitung ist das Stück miserabel besprochen.
Es wäre ohne Handlung und völlig unverständlich.

MAX: Ich finde Handlung langweilig. Ich kann sie mir selber
ausdenken.

RIMBÖCK: Und was die Unverständlichkeit betrifft?

MAX: Es war in der Tat kein Kochrezept. Ich hatte auch
keins erwartet.

OTTILIE: Hoppla.

RIMBÖCK *unwillig:* Was hast du, Ottilie?

OTTILIE: Ich bin ausgerutscht.

RIMBÖCK: Auf deinem Stuhl?

OTTILIE: Über euerm Gespräch. Alles zu glatt.

RIMBÖCK: Es geht um Literatur.

OTTILIE: Ich habe es bemerkt. Mir scheint aber, daß Max einen hübschen Busen damit verwechselt.

RIMBÖCK: Oho! Das klingt verheißungsvoll. Eine Metapher? Und wofür?

MAX: Eine neue literarische Theorie. Auch Mama möchte eine eigene haben.

OTTILIE: Mein lieber Sohn, tu nicht, als mißverständest du mich.

MAX *unsicher:* Ich weiß wirklich nicht —

OTTILIE: Nun, ich will dir gestehen, ich war der Tiger, der im Gesträuch lag. Meine Augen sahen aus wie zwei Leuchtkäfer.

RIMBÖCK *entzückt:* Surrealismus, nicht wahr?

OTTILIE: Es handelt sich um ein psychologisches Stück. Für mich ist es ein Trauerspiel.

MAX: Für mich ein Lustspiel, Mama.

OTTILIE: Ich dachte mir, daß du es nicht ernst nimmst.

RIMBÖCK *enttäuscht:* Offenbar ein mittlerer Strindberg.

OTTILIE *wütend:* Knudsen heißt sie, Anita.

RIMBÖCK: Anita? Klingt etwas gewöhnlich.

MAX: Mit Recht.

OTTILIE *drohend:* So?

RIMBÖCK: Hübsch?

MAX: Sehr.

RIMBÖCK: Ernsthaft: Was bringt sie mit, von welcher Firma ist sie?

MAX: Von welcher Firma?

OTTILIE: Die Frage ist ihm unangenehm.

Max: Nein, zu seriös. Bleiben wir dabei, daß es ein Theaterabend war.

Rimböck: Bleiben wir dabei. *Kichernd.* Zumal es eine ganze Menge gemeinsamer Vokabeln gibt.

Ottilie *giftig:* Ihr werdet ordinär. Zeit, daß ich gehe.

Rimböck: Auf Wiedersehen, Ottilie!

Jetzt unter uns, Max —

Ottilie *abgehend:* Pack!

Max: *Jussufs Zorn ist ja wohl verständlich, wenn man bedenkt, daß er zu einem Teil William war. Es gab also jemanden, der Anita, seine große Liebe, so wenig ernst nahm. Jussuf, um nicht zu sagen ich, in Ottiliens Gestalt, ergrimmte und beschloß, die Dinge für dich zu einem guten Ende zu führen.*
Vorerst freilich mußte ich mich um den Tiger kümmern. Hoffentlich hatte er inzwischen im Kohlenkeller keine Dummheiten gemacht. In einer Apotheke besorgte ich Schlaftabletten und in der nächsten Metzgerei zwanzig Pfund Rindfleisch ohne Knochen. Mit einer Schüssel Wasser begab ich mich in den Kohlenkeller.

Ein Schlüssel wird gedreht und eine eiserne Tür geöffnet. Der Tiger faucht und knurrt.

Jussuf: Entschuldigen Sie, es hat etwas lange gedauert.

Ottilie *fauchend:* Ich entschuldige nichts.

Jussuf: Es gab anstrengende Gespräche.

Ottilie: Mit meiner Stimme geführt, die Sie mir gestohlen haben.

Jussuf: Jetzt bringe ich Ihnen etwas zur Stärkung.

Ottilie: Ich fühle mich stark genug. Hüten Sie sich!

Jussuf: Frisches Wasser, direkt aus der Leitung.

OTTILIE: Es ist unerhört.

JUSSUF: Und ein großes Stück Fleisch. Rind, ohne Knochen.

OTTILIE: Nachdem Sie mein Frühstück verzehrt haben, wollen Sie mir Wasser und rohes Fleisch anbieten?

JUSSUF: Versuchen Sie es wenigstens. Tee und Konfitüre ist augenblicklich nichts für Sie.

OTTILIE: Sie haben mich in ein Tier verwandelt. Es ist gegen die Naturgesetze, und auch zivil- und strafrechtlich nicht zulässig. Ich mache Sie haftbar. Wer sind Sie überhaupt?

JUSSUF: Zur Zeit Frau Kommerzienrat Rimböck.

OTTILIE: Ich sage Ihnen, mäßigen Sie Ihren Hohn!

JUSSUF: Es war ganz harmlos gemeint, die pure Wirklichkeit. Sie ist oft erbitternd.

OTTILIE: Sie haben mich gestohlen. Das lasse ich mir nicht gefallen.

JUSSUF: Es war dringend notwendig. Ich kann es Ihnen im einzelnen nicht erklären. Sie müssen auch noch etwas bleiben.

OTTILIE: Hier im Keller? Als Tiger?

JUSSUF: Ich dachte.

OTTILIE: Ich falle Sie an!

JUSSUF: Keine Dummheiten!

OTTILIE: Ich kenne die Paragraphen nicht, aber ich habe einen guten Rechtsanwalt. Ich glaube, es ist Freiheitsberaubung.

JUSSUF: Ich glaube auch. Aber verhalten Sie sich trotzdem ruhig! Man sucht Sie schon.

OTTILIE: Mich?

JUSSUF: Sie, den Tiger Jussuf. An jeder Ecke wartet ein Panzerwagen.

OTTILIE: Um Gottes willen!

JUSSUF: Bleiben Sie also brav. Ich hole Sie gelegentlich wieder ab. Essen Sie, trinken Sie, das beruhigt.

MAX: *Als ich nach einer Stunde wieder nachschaute, hatten die im Wasser aufgelösten Schlaftabletten gewirkt. Der Tiger schlummerte, friedlich auf den Briketts ausgestreckt. Sein Gesicht drückte in Schmerzen erworbene Weisheit aus. Übrigens hatte er ein großes Stück Rindfleisch verzehrt. Ich stellte ihm frisches Wasser hin und schob ihm eine Rolle Packpapier als Stütze in den Nacken.*
Danach verließ ich das Haus, aber nicht mehr als Ottilie, — nein, meine lange, noch immer andauernde Zeit als Maximilian begann. Es gehörte zu meinen, zu Williams Plänen, daß ich Maximilians Gestalt annahm. Mein erstes Gespräch nach dieser Verwandlung war das mit dir, Anita.

ANITA: Du bist anders als sonst, Maximilian.

MAX: Wenn ich wüßte, wie ich sonst bin!

ANITA: Wie mein Schimmel vor der Vorstellung. Eine edle Nervosität —

MAX: Und jetzt?

ANITA: Als wärst du Zahnschmerzen losgeworden.

MAX: Das stimmt.

ANITA: Losgeworden, indem man dir alle Zähne gezogen hat.

MAX: Ach so.

ANITA: Sanft, schüchtern.

MAX: Kurzum langweilig.

ANITA: So weit will ich nicht gehen.

MAX: Aber beinahe so weit.

ANITA: Nein. Ich kenne dein Jahreseinkommen. Solche Zahlen erreicht man nicht mit Sanftmut.

MAX *seufzt.*

ANITA *ehrlich erschrocken:* Was hast du?

MAX: Einiges und einiges nicht. Jedenfalls noch meine Zähne.

ANITA: Es war bildlich.

MAX: Ich bin nicht beleidigt. Ich kenne meine Werte.

ANITA: Ich kenne sie auch. Sie liegen eben anderswo. Kein Grund, unglücklich auszusehen. Allein schon die Chemiefaser-Anteile —

MAX: Die meine ich nicht. Außerdem sehe ich nicht unglücklich aus. Es ist der Ernst der Stunde, der mich überwältigt.

ANITA: Um Gottes willen! Etwas Schlimmes?

MAX: Ich liebe dich, Anita.

ANITA: Und?

MAX: Ich habe die Blumen vergessen.

ANITA: Welche Blumen?

MAX: Rosen, das richtige für solche Fälle, wie man allgemein sagt. Rote.

ANITA *erstaunt:* Ach?

MAX: Auch weiße Lilien wären möglich. Aber ich dachte, in unserm Fall —

ANITA: — ist es besser, Rosen zu vergessen.

MAX: Nicht wahr?

ANITA: Bis hierher hast du alles sehr gut gemacht. Sprich weiter, Maximilian, mein letzter Ritter!

MAX: Ich dachte, die Trauung ohne Aufsehen, zwei Zeugen von der Straße, ein Essen im Restaurant, wir beide allein —

ANITA: Diese Sparsamkeit leuchtet mir nicht ganz ein.

MAX: Wir beide allein, auch ohne die Eltern, du lernst sie noch früh genug kennen. Alles um das Aufsehen zu vermeiden.

ANITA: Und die Hochzeitsreise? Sollen wir die auch auslassen?

MAX: Die machen wir.

Raumwechsel.

MAX: Und wir haben sie gemacht, wenn mich nicht alles täuscht. Der Felsklotz, und die Donau, wie du sagst —

ANITA: Deine Erinnerungen sind mangelhaft.

MAX: Ich gebe es zu.

ANITA: Und verdächtig.

MAX: Gewiß, die Flüsse gehen mir durcheinander. Ist es ein Charakterfehler?

ANITA: Die Geographie will ich dir gern verzeihen.

MAX: Aber?

ANITA: Maximilian, warum habe ich deine Eltern noch nicht kennengelernt?

MAX: Es ergab sich. Du drängtest so auf die Reise.

ANITA: Oder drängtest du?

MAX: Ich kann mich nicht erinnern.

ANITA: Da ist es schon wieder, das schlechte Gedächtnis. Mir wird ganz wehmütig, wenn ich an meinen Schwiegervater und an meine Schwiegermutter denke. Traurig sitzen sie im leeren Haus und möchten doch gern ihre Schwiegertochter in die Arme schließen.

MAX *mürrisch:* Sie können es nachholen.

ANITA: Man heiratet ja eine Familie mit.

MAX *abwesend:* Ganz recht.

ANITA: Entwickelt einen gewissen Familiensinn.

MAX: Hm.

ANITA *schluchzend:* Zumal meine Eltern nicht mehr leben.

MAX *dumpf:* Ich wußte nicht, daß du soviel Gefühl hast.

ANITA *hört auf zu schluchzen:* Ich wußte es auch nicht. Maximilian, ich leide unter Erinnerungen.

MAX: Du leidest?

ANITA: Seit heute. Es drängt sich so vieles ins Bewußtsein.

MAX: Aus der Kindheit?

ANITA: Das weniger. Alles aus der letzten Zeit. Ich muß geschlafen haben.

MAX: Zehn Stunden ungefähr. Wollen wir frühstücken?

ANITA: Semmeln, das ist es.

MAX: Ich klingle gleich. Zweimal dem Kellner.

ANITA: Warte. Erst muß ich die Semmeln einordnen.

MAX: Einordnen?

ANITA: Die Semmeln, die mir ins Bewußtsein steigen.

MAX *beunruhigt:* Daraus mache ich mir nicht viel.

ANITA: Unverdaulich, ich fürchte es auch. Semmeln, Maximilian, und ein Backstubengeruch. Woher?

MAX: Man nennt es Unterbewußtsein.

ANITA: Wie man es auch nennt. Jedenfalls sehe und höre ich durch ein Schlüsselloch. Willst du wissen, was?

MAX: Nein, will ich nicht.

ANITA: Du hast mir so viel erzählt. Ich weiß auch einiges. Kleine Änderungen deiner Geschichte, Maximilian. Hör gut zu!

MAX *kauend:* Ich habe eine ganze Menge Angebote.

PAULA: Jedenfalls schön, daß du endlich wieder da bist, mein Junge.

RICHARD *spöttisch:* Und mit so gutem Appetit.

PAULA *spitz:* Pfannkuchen hat er immer gern gegessen.

MAX: Ein Fensterreinigungsinstitut, zum Beispiel, sucht einen Werbetext.

RICHARD *bewundernd:* Donnerwetter.

MAX: Ein Dompteur ist von einem Tiger zerrissen worden.

RICHARD: Was hast du damit zu tun?

MAX: Man bemüht sich um mich.

PAULA: Wenn ich wählen könnte, möchte ich lieber Tiger als Dompteur werden.

RICHARD: Das ist beides nichts. Aber bei dem Werbetext, da würde ich zugreifen.

MAX: Ich lasse mir Zeit.

RICHARD: Nicht zu lange, lieber Max.

MAX: Außerdem möchte man mich als Reiseleiter für Omnibusfahrten in die Steiermark.

PAULA: Eine schöne Position. Steiermark ist doch da unten irgendwo.

MAX: Ganz recht, Mama.

RICHARD: Nimm noch einen Pfannkuchen!

MAX: Und schließlich Dramaturg beim Fernsehen.

RICHARD: Wenn ich mir das alles anhöre, — Junge, Junge, willst du nicht doch wieder in die Backstube zurück?

MAX: Nein, Papa, um die Zeit schlafe ich.

PAULA: Jetzt bleibst du erst mal da. Kannst dirs ja überlegen.

MAX: Ich hätte noch ein paar Besorgungen.

PAULA: Später, später.

MAX: Nein, gleich. Ich nehme mir mal das Auto. Kann ich doch, Papa?

RICHARD *zögernd:* Ach —

PAULA: Nun gibs ihm schon.

RICHARD: Meinetwegen.

MAX: Und dann, lieber Papa, könntest du mir mit einem Vorschuß aushelfen?

RICHARD: Vorschuß worauf?

MAX: Auf mein erstes Gehalt in meiner neuen Position.

PAULA: Max hat ja soviel Möglichkeiten.

MAX: Jedenfalls nehme ich die mit dem höchsten Gehalt.

PAULA: Nun gib ihm schon zwanzig Mark, Richard!

MAX: Tausend, Mama, brauchte ich dringend.

RICHARD: Ich will dir was sagen, Max. Ich gebe dir hundert Mark Vorschuß auf den Backlohn, wenn du bei mir wieder als Geselle anfängst. Einverstanden?

MAX: Wenn es sein muß. *Freundlich* Alter Knauser!

RICHARD: Hundertzwanzig, mein Junge, und die zwanzig werden nicht angerechnet.

ANITA: Nun, was sagst du?

MAX: Ganz gut, Anita. Woher weißt du das alles?

ANITA: Wirf mir den Rock herüber!

MAX: Warum plötzlich so eilig?

ANITA: Wir fahren.

MAX: Aber nicht weit. Ich habe gestern mittag schon auf Reservetank umgestellt.

ANITA: Die hundertzwanzig Mark?

MAX: Keine Summe für Vorwürfe.

ANITA: Bis zum Bahnhof wird das Benzin noch reichen. Ich nehme den nächsten D-Zug. Wann geht er?

MAX: Überhaupt nicht. Eine Station der Lokalbahn.

ANITA: Ich sollte dir böse sein.

MAX: Und bist es nicht? Du wirst sehen, Anita, es ist nicht so schlimm, Brezeln zu verkaufen. Der Ladentisch ist wie eine Rampe. Das Publikum kommt und geht, und du bist allein auf der Bühne, ohne Konkurrenz.

ANITA: Ich werde keine Brezeln verkaufen.

MAX *matt:* Über die Art des Gebäcks kann man sich einigen.

ANITA: Der Reißverschluß hängt. Steh nicht herum!

MAX: Es ist William, der herumsteht, William, der den Reißverschluß repariert.

ANITA: Und William, der mich geheiratet hat. Max wäre nicht auf die Idee gekommen.

MAX: Ehrlich gesagt, er hätte sie nicht ausgeführt.

ANITA: Diese Situation! In einem Ort ohne Bahnanschluß und ohne Geld für die Hotelrechnung. Keine Aktien, kein Bankkonto, keine Villa zum Ausruhen. Alle Mühe umsonst, und ich muß wieder von vorn anfangen. Man könnte rasend werden, und ich weiß nicht, warum ich es nicht bin.

MAX: Das Klima hier, eine weichere Luft an der Donau. Meine Situation ist auch nicht rosig.

ANITA: Wahrscheinlich eine kleine Urkundenfälschung. Sieh zu, wie du sie loswirst.

100

MAX: Man betrachtet alles mit Gelassenheit.

ANITA: Aber es ist nicht das Klima.

MAX: Was auch immer, — deine Milde gibt mir Mut.

ANITA: Hoffentlich nicht zuviel.

MAX: Du sprachst vorhin von einem D-Zug. Ich schließe daraus —

ANITA: Es reicht gerade für mich.

MAX: Könntest du nicht zwanzig Mark abzweigen? Für deinen Ehemann?

ANITA: William? Max? Und wie ist der Familienname? Alles ungültig.

MAX: Wenigstens formal gültig.

ANITA: Nicht einmal das. Wer bist du überhaupt?

MAX: Das fragte ich mich zu Anfang.

ANITA: Und wer bin ich?

MAX: Bei dir ist es wenigstens klar.

ANITA: So? Maximilian, wo ist eigentlich Jussuf?

MAX: Ich habe ihn lange nicht gesehen. Er mußte sich selber durchschlagen. Ich sagte ihm die jeweiligen Adressen und gab ihm eine Landkarte mit.

ANITA *träumerisch:* Zwischen Frankfurt und Regensburg —

MAX: Was?

ANITA: Ich glaube, es war ein Forstgehilfe im Spessart, der ihn erschossen hat. Oder ein Jagdpächter im Steigerwald? In einer Tierkörperverwertungsanstalt ergab er noch neunundvierzig Mark fünfzig. Dieses leidige Geld!

MAX: Jussuf ist tot?

ANITA: Es bleibt der Trost, daß es vielleicht nicht Jussuf war. Um die andern täte es mir weniger leid, mich selber eingeschlossen. Maximilian, wir fahren.

MAX: Wir?

ANITA: Vielleicht kommen wir aus dem Hotel heraus, ohne zu zahlen. Für das Benzin würde es reichen.

MAX: Ich bin ganz verstört.

ANITA: Weil ich doch nicht den D-Zug nehme?

MAX: Deine Augen, Anita. Waren sie nicht früher blau? Ich habe sie nie so genau angesehen.

ANITA: Ich auch nicht.

MAX: Die sanften, sandgelben Augen des Tigers.

ANITA: Komm, nimm den Koffer!

SABETH

THERESE WEISINGER, Lehrerin

EIN KIND

ELISABETH FORTNER, acht oder neun Jahre

FRAU FORTNER, Bäuerin

BAUER JOSEF FORTNER

KNECHT

MAGD

SABETH

SCHULLEITER EGINHARD WOTURBA

REDAKTEUR REINICKE

SEKRETÄRIN

MANN (DR. SCHLEFINK)

FRAU (FRAU SCHLEFINK)

Erstes Kapitel

DIE ERZÄHLUNG DER LEHRERIN

LEHRERIN: *Ich heiße Therese Weisinger und bin Lehrerin in Reiskirchen. Das eigentliche Dorf Reiskirchen besteht nur aus Kirche, Schulhaus und wenigen Bauerngehöften, doch gehören zahlreiche der umliegenden, weit verstreuten Einzelhöfe dazu, so daß die Klassen recht groß sind. Außer mir unterrichtet an der Schule noch der Schulleiter, Herr Eginhard Woturba.*

An einem Oktobertag des vorigen Jahres gab ich in der
dritten Klasse Naturkunde-Unterricht. Ich hatte den Klei-
nen von den Zugvögeln erzählen wollen, wozu Beobach-
tungen, die wir während der vergangenen Wochen im
Freien gemacht hatten, der Anlaß waren. Doch lenkten mich
große Scharen von Krähen, die man durch das Fenster hin-
durch auf den Feldern sah, von meinem eigentlichen Thema
ab. Das ist keine besonders weite Ablenkung und ich will
auch nicht behaupten, daß es mehr als ein Zufall gewesen
sei. Immerhin war der Zufall bemerkenswert, denn mit ihm
begannen die seltsamen Erlebnisse, die mich nicht nur in
den nächsten Wochen beschäftigten, sondern mein ganzes
Leben lang beschäftigen werden.
Ich bemerkte, während ich über die Klugheit der Raben-
vögel sprach, eine ungewöhnliche Unruhe in einer Ecke der
Klasse.

LEHRERIN: Was habt ihr da hinten?
Stille.
Wolltest du was, Ilse?
KIND *zögernd:* Nein —
LEHRERIN: Aber?
KIND: Fräulein, die Elisabeth sagt, es gäbe welche, die spre-
chen können.
LEHRERIN: Was für welche?
KIND: Krähen.
LEHRERIN: Krähen, die sprechen können? Ja, das kann sein.
Krähen sind so klug, daß sie in der Gefangenschaft hin und
wieder ein paar Worte sprechen lernen. Besonders klug
sind die Raben. Die sind viel größer als die Krähen, aber
bei uns gibt es keine.
Sagtest du was, Elisabeth?
Stille.

Warum antwortest du nicht?

ELISABETH: Nein, ich habe nichts gesagt.

KIND: Doch! Sie hat gesagt, bei uns gäbe es Raben, die könnten sprechen wie die Menschen.

LEHRERIN: So ein Unsinn! Nein, das gibt es nicht. Hast du das wirklich gesagt, Elisabeth?

Stille.

Hast es dir nur ausgedacht, nicht wahr?

ELISABETH: Nein.

LEHRERIN *lachend:* Hast du sie etwa gesehen, solche Raben, und sprechen hören?

ELISABETH: Ja.

Unruhe.

LEHRERIN: Still! Erzähl, wie sie aussehen, Elisabeth!

ELISABETH: Schwarz und groß.

LEHRERIN: Wie groß?

ELISABETH: Ganz groß. So groß wie Sie, Fräulein. Nein, noch ein bißchen größer.

Unruhe und Gelächter.

LEHRERIN: Still! Und wo hast du sie gesehen?

Stille.

ELISABETH *schluchzend:* Es ist wahr.

LEHRERIN: Aber Elisabeth, was hast du?

Draußen beginnen Glocken zu läuten.

So, ihr andern. Zwölf Uhr. Schluß für heute!

In den sich erhebenden Lärm. Elisabeth, du wartest noch einen Augenblick!

ELISABETH: Ja, Fräulein.

Die lärmenden Kinder laufen hinaus. Es wird still.

LEHRERIN: Warum hast du geweint, Elisabeth?

ELISABETH: Weil ich es gesagt habe.

LEHRERIN: Ja, Elisabeth, es ist wirklich nicht schön, wenn du so lügst.

ELISABETH: Ich lüge nicht.

LEHRERIN: Was werden dein Vater und deine Mutter sagen, wenn ich es ihnen erzähle!

ELISABETH: Erzählen Sie nichts, Fräulein! Sie haben es mir verboten.

LEHRERIN: Was verboten?

ELISABETH: Daß ich was von dem Raben sage.

LEHRERIN: Hast du die Geschichte schon öfter erzählt?

ELISABETH: Noch nie.

LEHRERIN: Warum verbieten sie es dann?

ELISABETH: Ich habe es erzählt und habe Angst, Fräulein.

LEHRERIN: Also sag: Was ist mit dem Raben?

ELISABETH *sehr selbstverständlich:* Abends, nach dem Engel des Herrn, kommt er zu uns in die Stube.

LEHRERIN: Er kommt in die Stube! Aber Elisabeth! Wo kommt er her?

ELISABETH: Ich weiß nicht. Ich glaube, aus dem Wald.

LEHRERIN: Und wer macht ihm die Tür auf?

ELISABETH: Niemand. Er macht sie selbst auf.

LEHRERIN *ironisch:* Er kommt also in die Stube und dann spricht er, wie?

ELISABETH: Ja.

LEHRERIN: Was spricht er?

ELISABETH: Ich weiß nicht.

LEHRERIN: Hast du keine Angst vor ihm?

ELISABETH: Nein, ich habe ihn lieb.

LEHRERIN *verwirrt, nachdenklich:* So, du hast ihn lieb. Ja, Elisabeth, — ja —

ELISABETH: Fräulein, die andern sind schon weg. Darf ich jetzt gehen? Sonst muß ich allein —

LEHRERIN: Ja, natürlich darfst du gehen.

ELISABETH: Sagen Sie nichts zuhause?

LEHRERIN: Bestimmt nicht.

ELISABETH: Dankeschön, Fräulein.

LEHRERIN: Auf Wiedersehn, Elisabeth.

LEHRERIN: *Phantasievolle Kinder sind schwierig, weil sie zur Lüge neigen. Phantasie ist etwas sehr Schönes, aber gibt man nicht auf sie acht, so führt sie bei einem schwachen Charakter zur Verlogenheit. Ich nahm mir vor, ein Auge auf die kleine Elisabeth Fortner zu haben. Gelegentlich wollte ich auch einmal mit ihren Eltern sprechen. Der Fortnersche Hof liegt am weitesten von Reiskirchen entfernt, ungefähr eine Stunde Wegs und ganz in der Einöde. Das heißt, eigentlich liegt er wieder näher an der Welt als Reiskirchen selbst, denn geht man vom Hof aus etwa zehn Minuten weiter durch den Wald, so trifft man auf die Bundesstraße 299. Das ist freilich nur eine sehr lose Berührung mit der Welt. Vielleicht hört man an Regentagen die Lastautos oder einen Hupenklang von der Straße her bis zum Haus.*

Es war ungefähr eine Woche später, daß ich meinen täglichen Spaziergang in die Einöde richtete. Der Altweibersommer überzog mit seinem silbernen Gespinst die Felder. Es war ein heiterer Tag und, da ich im Dahinschlendern mein Leben überdachte, voller Schwermut.

Wie gut, daß ich heute ein Ziel hatte! Der Hof lag sehr still unter der schönen Herbstsonne. Kein Hund bellte mich an, keine Taube gurrte vorm Schlag, kein Huhn, das davonlief. Auch das Haus schien verlassen. Ich ging durch den fliesenbelegten kühlen Flur, doch in der Küche traf ich die Bäuerin.

LEHRERIN: Frau Fortner!
BÄUERIN: Oh, das Fräulein!
LEHRERIN: Darf ich herein?
BÄUERIN: Gewiß, gewiß! Hier ist es warm.
LEHRERIN: Ja, es wird kühl draußen.
BÄUERIN: Da, setzen Sie sich.

LEHRERIN: Danke. Ich kam bloß vorbei und habe herein-
geschaut.
BÄUERIN: Ja, gewiß, freilich, das ist recht. *Sie wird in der
Folge immer verlegener und sucht das zu verbergen.* Viel-
leicht ein Glas Milch gefällig?
LEHRERIN: Nein, danke, Frau Fortner.
BÄUERIN: Mein Mann ist auf dem Feld.
LEHRERIN: Und Elisabeth?
BÄUERIN: Elisabeth auch. Schade, daß sie nicht da ist, wo
grade ihr Fräulein kommt. Sie mag Sie nämlich besonders
gern.
LEHRERIN: So — das habe ich nicht gedacht.
BÄUERIN: Vielleicht — vielleicht haben Sie auch Lust, zu ihr
aufs Feld zu gehen.
LEHRERIN: Ich bleibe lieber ein bißchen sitzen und unter-
halte mich mit Ihnen.
BÄUERIN: Ja, ich meinte auch bloß.
LEHRERIN: Mir ist Elisabeth auch recht lieb. Manchmal
träumt sie ein bißchen.
BÄUERIN: Vielleicht sollte ich aufs Feld gehen und sie rufen.
LEHRERIN: Ach wo.
BÄUERIN: Es wäre vielleicht besser.
LEHRERIN: Was haben Sie, Frau Fortner? *Lachend.* Ich
glaube, ich komme Ihnen ungelegen. Soll ich lieber wieder
gehen?
BÄUERIN: Ja. Ich meine, — entschuldigen Sie, Fräulein, — weil
manches über uns geredet wird.
LEHRERIN: Was redet man? Ich weiß nichts. Außerdem
würde es mich nicht stören.
BÄUERIN: Wenn es das Gerede allein wäre —
LEHRERIN: Jetzt machen Sie mich neugierig.
BÄUERIN: Man sagt, bei uns ginge der Teufel aus und ein.
LEHRERIN *lachend:* Der Teufel? Nein, Frau Fortner, das
glaube ich nicht.

BÄUERIN: Vielleicht glaubten Sie es, wenn —
LEHRERIN: Wenn?
BÄUERIN: Möchten Sie ihm gern begegnen? Ja, Fräulein, vielleicht ist es wirklich besser, wenn Sie gehen.
LEHRERIN: Ja, gewiß, Frau Fortner, wenn Sie meinen.
BÄUERIN: Still!
LEHRERIN: Was ist?
BÄUERIN: Ach, es ist schon zu spät, Fräulein. Hören Sie nicht? Schritte!
Man hört ein Geräusch von den Steinfliesen des Flurs her.
LEHRERIN: Schritte? Aber was für Schritte? Das ist kein Menschenschritt.
BÄUERIN: Es ist Sabeth.
LEHRERIN: Wer?
BÄUERIN: Tun Sie die Augen zu, wenn Sie Angst haben!
Die Tür wird langsam und knarrend geöffnet.
LEHRERIN: Nein, ich will es sehen.
Sie schreit plötzlich auf und verstummt dann.
BÄUERIN: Bleib draußen, Sabeth, sie fürchtet sich vor dir!
Die Tür wird wieder geschlossen.

LEHRERIN: *Als ich aus der Ohnmacht wieder zu mir kam, sah ich das Gesicht der Bäuerin über mich gebeugt. Die Küche war leer, die schreckliche Erscheinung wieder verschwunden.*

LEHRERIN: Mein Gott —
BÄUERIN: Ich bin daran schuld, wußte ich doch, daß er kam. Er sagte es mir, kaum, daß Sie sich hingesetzt hatten.
LEHRERIN: Wer sagte Ihnen was? Es war niemand da.
BÄUERIN: Er war nicht da, aber er kann aus der Ferne sagen. Er hat nicht erwartet, jemand zu treffen. Aber er muß etwas Besonderes haben. Sonst kommt er erst, wenn es dunkel ist.

LEHRERIN: Er kann es aus der Ferne sagen?

BÄUERIN: Früher konnte er mehr. Jetzt ist er arm wie ein Bettler.

LEHRERIN: Bin ich wach, Frau Fortner? Gleich wird der Wecker klingeln.

BÄUERIN: Er wird nicht klingeln. Sie sind ganz wach.

LEHRERIN: Aus der Ferne sagen? Wie kann er das?

BÄUERIN: Weiß ichs? Aber er sagt es. Nicht mit Worten, aber man erfährt plötzlich, daß er kommt. Deshalb wollte ich, daß Sie fortgingen. Glauben Sie, daß es der Teufel ist?

LEHRERIN: Ich weiß es nicht.

BÄUERIN: Ich werde Ihnen alles erzählen.

Zweites Kapitel

DIE ERZÄHLUNG DER FRAU FORTNER

BÄUERIN: *Es ist im vorigen Winter gewesen, kurz nach Lichtmeß. Es war alles noch weiß verschneit. An einem ganz gewöhnlichen Tag saßen wir beim Mittagessen.*

BÄUERIN: Salat, Josef? Tu dir auf!

BAUER: Ich hab rechtschaffen Hunger gehabt, als ich mich hinsetzte. Aber jetzt — mir ist so, als hätte ich was vergessen.

BÄUERIN: Vergessen?

BAUER: Merkt ihr das nicht auch? Ich meine, ihr müßtet es auch merken.

BÄUERIN: Ich merke nichts.

BAUER: Es müßte im Stall sein.

MAGD: Beim Vieh ist alles getan.

BAUER: Die Pferde?

KNECHT: Ich habe nichts vergessen.

BAUER: Nein, ich muß es selber sein. Den Pflug müßte man richten.

KNECHT: Den Pflug? Das wäre nicht eilig, meine ich.

BÄUERIN: Wenn du was vergessen hast, tust du es heute nachmittag. Nimm vom Fleisch!

BAUER *rückt den Stuhl zurück:* Es hat jemand gerufen.

BÄUERIN: Hab nichts gehört.

MAGD: Hab nichts gehört.

KNECHT: Es hat niemand gerufen.

BAUER: Hast du nichts gehört, Elisabeth?

ELISABETH: Ja, Vater, ich habe es gehört.

BÄUERIN: Was hast du gehört?

ELISABETH: Ich — nein, nichts, glaube ich.

BAUER: Ich habe was gehört, was nicht zu hören war.

BÄUERIN *läßt die Gabel klirrend fallen:* Das ist zum Fürchten, Josef.

ELISABETH: Es war zu hören wie eine Hand, die einen anfaßt.

BÄUERIN: Wie eine Hand, die einen anfaßt?

BAUER: Ja, eine Hand, die einen anfaßt.

BÄUERIN: Heilige Mutter Gottes —

ELISABETH: Es ist nicht zum Fürchten.

BAUER: Ich muß gehen.

Er steht auf.

ELISABETH: Ich gehe mit dir, Vater.

BÄUERIN: Wohin, Josef?

BAUER: Das Pferd anschirren, glaube ich, den Pflug holen. Es hat gerufen.

Er geht mit Elisabeth hinaus.

KNECHT: Ist er krank, der Bauer?

BÄUERIN: Iß du und sei still!

MAGD: Es ist finster am hellen Mittag.

BÄUERIN: Dafür ist es Winter.

BÄUERIN: *Ich versuchte es vor mir selber und vorm Gesinde zu verbergen, wie ich Angst hatte. Ich brachte keinen Bissen mehr hinunter und schaute mit klopfendem Herzen zum Fenster hinaus, was geschehen würde. Wir sahen den Bauern anspannen und mit Pflug und Pferd den Hof verlassen. Elisabeth ging mit ihm.*

BÄUERIN: Wohin will er mit dem Pflug? Zur Schmiede?

KNECHT: Der Pflug ist nicht entzwei.

MAGD: Da, er lenkt in den Weg zum Feld ein.

BÄUERIN: Zum Feld? Will er pflügen?

KNECHT: Die Erde ist gefroren.

BÄUERIN: Ich will ihm nach.

Sie geht hinaus.

KNECHT: Das schöne Rauchfleisch. So viel hatten wir nie.

MAGD: Ich denke, wir essen erst zu Ende. Wir kommen früh genug.

KNECHT: Willst du auch hinaus?

MAGD: Der Bauer ist närrisch geworden. Ich will dabei sein.

KNECHT: Albern bist du.

MAGD: Siehst du, jetzt geht die Bäuerin hinaus.

Sie läßt plötzlich die Gabel fallen.

KNECHT: Was ist?

MAGD *flüsternd:* Schau zum Fenster hinaus!

KNECHT: Ich sehe nichts.

MAGD: Auf dem Dach vom Stall. Bekreuzige dich!

KNECHT: Ein riesiger schwarzer Vogel, ein Rabe.

MAGD: Heilige Maria, Mutter Gottes —

KNECHT: Der Leibhaftige im schwarzen Rock. Jetzt fliegt er davon.

MAGD: Schau nicht hin!

KNECHT: Ich geh. Heute noch geh ich. Ich such mir einen andern Platz.

MAGD: Und ich. Heute noch sag ichs dem Bauern.

BÄUERIN: *Inzwischen ging ich zum Hof hinaus und auf den Feldweg zu. Ich sah etwas wie einen Schatten auf dem Dachfirst überm Stall. Aber ich achtete kaum darauf, denn was war das schon gegen den Anblick der Felder, der mich mit Entsetzen erfüllte. Ringsum im Schnee saßen und gingen riesige Raben, vereinzelt und scharenweise. Aber sie beachteten mich nicht und kamen auch nicht nahe zu mir. Und auf einmal wußte ich es, daß sie mir nichts tun würden, und ich ging weiter, meinem Mann und meinem Kinde nach. Und wie ich weiterging, geschah noch etwas viel Merkwürdigeres: Es war mir, als wäre das alles immer so gewesen, als wären immer schon solche riesigen Vögel auf den Feldern gegangen und es wäre nichts Neues für mich. Nein, es kam mir nicht nur so vor, sondern es war wirklich so: Ich kannte diese Raben schon lange. Und wie mir dies einfiel und ich mich daran erinnerte, kamen sie auch näher zu mir heran und ich sah einem ins Auge. Er schaute mich ernst an, und ich erinnerte mich, daß ich ihn kannte. Nein, nicht ihn, aber sein Auge. Er öffnete den Schnabel, doch kein Laut drang aus seiner Kehle. Es war, als bemühte er sich zu sprechen, und zugleich war es, als bemühte nicht er sich, sondern mir selber lag das Wort auf der Zunge, und ich konnte es nicht sagen. Ich war nahe an einem großen Glück, so nahe wie noch nie, aber nun auch gewiß, daß es unerreichbar war.*
Ich sah den Bauern und Elisabeth nicht, die hinter einer Anhöhe verschwunden waren. Erst als ich gegen den Wald hin kam, erblickte ich sie wieder. Der Bauer pflügte durch die steinhart gefrorene Erde. Hinter ihm wuchs im Schnee das schwarze Band der Furche. Auf dem Pflug saß einer der schwarzen Vögel und sah auf die Schar nieder, wie sie in die Erde schnitt. Ringsum gingen oder standen andere, und alle schienen dem Pflügen zuzuschauen. Ich versuchte, sie zu zählen, und kam auf ungefähr ein Dutzend. Aber

auch zwischen den Stämmen des Waldes waren noch welche, und da alles in Bewegung war und sich gegeneinander verschob, war das Zählen schwer. Elisabeth stand mitten unter ihnen und lachte mir glücklich zu, als sie mich sah. Sie blickte zu den großen Vögeln empor und schaute ihnen aufmerksam in den Rachen, wenn einer den Schnabel gegen sie aufriß. Auch schien es sie keineswegs zu beunruhigen, wenn einer sie wie prüfend in den Zopf biß. Auch ich hatte keine Furcht um sie. Nein, wir waren alle ohne Furcht, und selbst das Pferd, sonst ein schwieriges Tier, verriet keinerlei Unruhe. Seltsam war auch, wenn inmitten dieser Seltsamkeiten noch etwas auffallen konnte, daß die großen Raben alle stumm waren, anders als die Krähen und Dohlen, denen sie doch glichen.

Am Ende der ersten Zeile stockte der Pflug, und als ich durch den Schnee näher stapfte, sah ich, daß die Schar in der harten Erde gebrochen war. Der Rabe, der auf dem Pflug gesessen hatte, war herabgehüpft und beugte sich zusammen mit dem Bauern über den Schaden, wobei er ihn schräg von der Seite ansah, als erwarte er eine Erklärung des Zwischenfalls. „Die Schar ist gebrochen", sagte mein Mann, und wie er mich dabei anschaute, strahlte er über das ganze Gesicht, als berichte er mir etwas besonders Schönes. Ja, diese Raben, die so unversehens erschienen waren, hatten die Macht, Glück zu verbreiten. Daß uns der Pflug zerbrach, daß uns Knecht und Magd verließen, — es gab kein Unglück, keinen Kummer für uns! Und mußten wir gleich die seltsamsten Dinge tun, — es geriet uns alles wohl. Was wurde das für eine seltsame Wirtschaft auf unserem Hof! Wir lebten sehr abgelegen, und deshalb bemerkte man es kaum, daß wir Dinge trieben, die in den Augen der Welt närrisch waren. Nicht nur in den Augen der Welt, auch in unseren eigenen. Aber wir konnten nichts dagegen tun, ein dunkler Zwang trieb uns, die Raben hatten Macht über uns und ließen uns Dinge tun, die kindisch oder lächerlich oder verrückt waren, aber dennoch, — wir waren glücklich dabei. Können Sie sich vorstellen, daß wir eines Tages das Klavier auf den Wagen luden und damit in den Wald fuhren? Elisabeth mußte spielen, was sie gerade in der Klavierstunde gelernt hatte, und wir sangen dazu.

BAUER, BÄUERIN und ELISABETH *singen:*
Im Märzen der Bauer die Rößlein einspannt,
er pfleget und pflanzet all Bäume ins Land.
Er ackert, er egget, er pflüget und sät
und regt seine Hände gar früh und noch spät.

BÄUERIN: *Wir sangen für die Bäume, das Gras und die leere Luft. Von den Gästen im schwarzen Rock war nichts zu sehen. Anders als an dem Wintertage ihres Erscheinens bekamen wir sie nur noch wie scheue Waldvögel zu Gesicht, — ein dunkles Gefieder im Geäst, ein Flügelschlag in der Dämmerung. Nur Elisabeth ging näher mit ihnen um und gewöhnte schließlich einen der Raben ans Haus. Davon wird sie Ihnen selber erzählen.*

Drittes Kapitel

DIE ERZÄHLUNG DES KINDES ELISABETH

ELISABETH: *Jeden Tag ging ich in den Wald, weil ich die Raben wiedersehen wollte. Aber ich fand sie nicht und dachte schon, sie wären fortgeflogen. Aber dann dachte ich auch, sie versteckten sich bloß vor mir und wollten mich necken. Mir kam es nämlich immer so vor, als stünden sie hinter den dicken Bäumen und säßen in den dunklen Fich-*

*tenkronen, wo man sie nicht sehen konnte. Solange noch
Schnee lag, suchte ich nach den Spuren von ihren Füßen,
die hätten doch groß und deutlich sein müssen, aber ich
fand nie welche. Dann ging der Schnee weg, und ich wußte
gar nicht mehr, wie ich sie suchen sollte. Eines Tages war
ich weit gelaufen und war müde und setzte mich auf einen
umgehauenen Baumstamm. Es war alles still und leer, und
die Sonne schien, und ich schaute auf einen Strauch, der
schon anfing, ein bißchen grün zu werden, und dachte, nun
wollte ich nicht mehr nach den Raben suchen. Da merkte
ich plötzlich, daß hinter dem Strauch ein Rabe stand, und
ich wunderte mich, daß ich ihn nicht gleich gesehen hatte.
Ich lief schnell zu ihm hin.*

ELISABETH: Guten Tag, Rabe! Ich habe euch schon so lange
  gesucht, wo seid ihr gewesen? Meine Eltern wundern sich
  auch, daß ihr nicht mehr kommt. Habe ich dich schon ge-
  sehen? Ich weiß nicht, ihr seht alle gleich aus.
  Pause.
  Ich heiße Elisabeth.
SABETH *langsam und bemüht:* Sa — beth.
ELISABETH: Du kannst sprechen!
SABETH: Sabeth.
ELISABETH: Nein, nicht Sabeth! Elisabeth!
SABETH: Sabeth.
ELISABETH: Sabeth! Jetzt werde ich dich Sabeth nennen.
  Willst du so heißen?
SABETH: Sabeth.
ELISABETH: Wenn du es richtig gelernt hast, mußt du mich
  Elisabeth nennen. Du aber heißt Sabeth.

ELISABETH: *Er hat schnell sprechen gelernt. Er spricht so wie
  wir, so als wenn er ein Mensch wäre. Aber eigentlich spricht*

*er auch wieder anders, denn er ist ja viel klüger als wir
alle. Oft begreife ich seine Worte nicht, besonders seitdem
er traurig ist. Aber sonst ist er viel mehr ein Mensch als ein
Rabe, ich wundere mich manchmal, daß er schwarz ist und
Federn hat. Jetzt hilft er dem Vater wie ein Knecht, früher
aber kam er kaum ins Haus. Damals wußte er Spiele, die
er inzwischen verlernt hat. Einmal durfte ich mit ihm fliegen. Wenn ich nur wüßte, wohin wir damals geflogen sind!
Ich erinnere mich noch gut. Es war im Mai oder Juni. Ich
war eines Tages über Mittag hinausgelaufen in den Wald,
um Sabeth zu suchen.*

ELISABETH *kunstlos zu einer selbsterfundenen Melodie sin-
gend:*

> Die Raben im Wald,
> die Raben im Feld,
> die Raben im Haus —

Sie ruft: Sabeth! Sabeth!
Echo.
SABETH *entfernt, sich nähernd:* Elisabeth! Elisabeth!
ELISABETH: Da bist du!
SABETH: Wir wollen fliegen, Elisabeth.
ELISABETH: Fliegen? Du kannst fliegen, aber ich nicht.
SABETH: Faß meine Füße!
ELISABETH: Ja.
SABETH: Halte dich fest! Und gib acht: Bevor wir fliegen,
rufe ich deinen Namen.
ELISABETH: Warum?
SABETH: Damit du nachher lachen kannst, Elisabeth. Ich
möchte immer, daß du lachst.
Er ruft: Elisabeth!
Flügelrauschen.

ELISABETH: Oh, jetzt fliegst du!

SABETH: Wir beide fliegen. Hast du Angst?

ELISABETH: Nein. Aber wo sind wir, Sabeth? Gleich waren die Felder und die Bäume weg. Wo sind wir, Sabeth?

SABETH: Frag nicht! Was siehst du?

ELISABETH: Nichts.

SABETH: Gar nichts?

ELISABETH: Ringsum ist es blau und dunkel. So blau und dunkel, daß es mich blendet.

SABETH: So blau und dunkel ist die Ewigkeit, Elisabeth.

ELISABETH: *So sprach er, und ich weiß nicht, was er damit meinte. Es war aber schön, durch die blendende Finsternis zu fliegen. Wir schwebten ganz still darin, und ich meinte, es vergingen Stunden.*

SABETH: Wir wollen wieder zurück, Elisabeth.

ELISABETH: Ja, Sabeth, wie du willst.

Flügelrauschen.

ELISABETH: Da sind die Bäume, die Felder.

SABETH: Und plumps! die Erde. Nun horch!

Man hört im Echo die Rabenstimme.

SABETH: — sabeth!

ELISABETH: Was war das?

SABETH: Das Echo. Ich sagte dir doch, ich wollte deinen Namen rufen!

ELISABETH *lachend:* Du lügst ja, Sabeth! Das ist doch so lange her!

SABETH: Aber gefällt es dir nicht?

ELISABETH: Sehr, lieber Rabe!

Viertes Kapitel

DIE SCHLAFLOSE NACHT DER LEHRERIN

LEHRERIN: *Als ich an diesem Abend vom Fortnerhof ins Reiskirchner Schulhaus zurückkehrte, war ich so verwirrt, von den unglaubwürdigen Erzählungen, daß ich kein anderes Bedürfnis hatte als zu schlafen und erst einmal alles zu vergessen. Am nächsten Morgen konnte man es aus der Erinnerung heraufholen und in eine vernünftige Ordnung bringen.*

Ich horchte, bevor ich in mein Zimmer ging, zur Wohnung des Schulleiters hinüber, aber dort war alles still. Wahrscheinlich war Herr Woturba in die Gastwirtschaft gegangen oder er scherzte mit der hübschen Magd des Krämers. Beides war schlimm, besonders das zweite. Doch lenkten mich heute andere Gedanken ab, und ich war nicht so traurig wie sonst an meinen einsamen Abenden. Ich ging, ohne gegessen zu haben, gleich ins Bett und löschte das Licht. Aber meine Hoffnung, ich würde gleich einschlafen, betrog mich. Die Unruhe, etwas versäumt zu haben, quälte mich. Was hatte ich versäumt? Es war nicht meine Schuld, daß ich erst heute von Sabeth erfahren hatte. Es war auch nicht meine Schuld, daß er mir nicht länger als einen Augenblick zu Gesicht gekommen war. Ich mußte morgen wieder zum Fortnerhof gehen und versuchen, den Raben zu sehen und mit ihm zu sprechen.

Viel schlimmer war das andere: daß ich ihn in einer Situation traf, die ihn wahrscheinlich uninteressanter machte, als er früher gewesen war. Von diesem Früheren mußte ich mehr erfahren, ich mußte ihn selbst danach fragen. Das hatten die Fortners unbegreiflicherweise versäumt. Aber hatten sie es wirklich versäumt? Vieles deutete darauf hin, daß Sabeth wohl das Sprechen gelernt, aber die wichtigen

Antworten vergessen hatte. Man mußte von diesem kost-
baren Wissen zu retten suchen, was noch zu retten war.
Nein, alles konnte noch nicht verloren sein. Und ich rief
mir ins Gedächtnis zurück, was man mir über den furcht-
baren Tag in Sabeths Leben erzählt hatte. Eines Tages
also kam er ins Haus zu Frau Fortner.

Die Tür öffnet sich knarrend.
BÄUERIN: Sabeth?
SABETH: Sie sind fort, hörst du, sie sind fort!
BÄUERIN: Wer ist fort?
SABETH: Die anderen.
BÄUERIN: Die Raben?
SABETH: Sie sind fort.
BÄUERIN: Wieso sind sie fort? Wohin?
SABETH: Ich weiß es nicht. Ich habe sie gesucht. Aber ich finde
    sie nicht mehr.
BÄUERIN: Sabeth, was redest du! Sie werden ein bißchen
    weiter weg geflogen sein!
SABETH: Dann wären sie nicht fort.
BÄUERIN: Ich verstehe dich nicht. Das ist sicher nichts Neues
    für dich. Du wirst sie schon öfter haben suchen müssen.
SABETH: Ich habe sie nie suchen müssen. Auch wenn sie weit
    weg waren, ich wußte immer, wo sie sind. Nein, tröste mich
    nicht. Ich weiß, daß sie fort sind. Ich erkenne es ja eben da-
    ran, daß ich sie suche. Ich suche sie nicht nur, weil sie fort
    sind, sondern sie sind auch fort, weil ich sie suche. Ich habe
    keine Verbindung mehr mit ihnen, plötzlich ist alles abge-
    rissen, und nun fällt mir ein, daß ich sie suchen müßte. Oh,
    ich kannte dies Wort nicht, jetzt lerne ich es: Suchen. Es ist
    ein trauriges und vergebliches Wort, das ich gelernt habe.
BÄUERIN: Du machst dir zuviel Gedanken, Sabeth. Sie wer-
    den wiederkommen.

SABETH: Das Furchtbare ist aber dies, daß sie vielleicht noch da sind, und ich weiß es nicht.

BÄUERIN: Wenn sie noch da sind, dann ist doch alles gut.

SABETH: U n d i c h w e i ß e s n i c h t. Ich kann nur über die Felder fliegen und über die Baumkronen und rufen: Brüder, wo seid ihr? Ich habe nur noch den Schrei der Sprache, die ich gelernt habe, aber sie vernehmen ihn nicht, sie haben andere Ohren, und ich bin ihnen so unerreichbar geworden wie sie für mich.

BÄUERIN: Dann hast du Augen, scharfe Augen hast du.

SABETH: Die schärfsten nützen mir nichts. Meine Brüder sind fort und haben mich zurückgelassen, sie haben mich ausgestoßen, ich bin wertlos für sie. Ich bin kein Rabe mehr, ich bin nichts.

BÄUERIN: Oh, Sabeth, Sabeth, warum bist du kein Mensch!

SABETH: Ich habe eure Sprache gelernt. Ich bin kein Rabe mehr und bin kein Mensch geworden. Sieh, ich habe ein schwarzes Gefieder und einen Schnabel und Krallenfüße. Das blieb mir vom Raben. Aber ich habe noch etwas anderes und das habe ich mit euch gemeinsam: Seit heute, seitdem ich gesucht habe, habe ich Angst.

BÄUERIN: Nein, Sabeth, hab keine Angst! Wenn deine Brüder fort sind, bleibe bei uns. Wir lieben dich.

SABETH: Lieben? Ja, ihr könnt lieben. Ich glaube, das hat mich verführt, zu euch zu kommen. Oh, ihr armen herrlichen Menschen, die ihr lieben könnt!

LEHRERIN: *Konnte man nach diesem Gespräch viel Hoffnung haben? Ich meinte eigentlich doch. Gut, die Verbindung war abgerissen, wie Sabeth sagte. Aber damit kennzeichnete er schließlich nur seine eigene traurige Lage. Es war damit noch nicht gesagt, daß es unmöglich geworden war, wissenschaftlich Bedeutsames festzustellen. Die wichtigste Frage* vor allem mußte schleunigst beantwortet werden: Wo kamen die Raben her? Waren es Bewohner anderer Welten, des Planeten Mars zum Beispiel? Wenn es so oder ähnlich war, wie waren sie dann hierher gekommen und warum? In welchem Milieu lebten sie sonst? Hatten sie eine Kultur und welcher Art war sie? Wie und warum übten sie ihre merkwürdigen Fähigkeiten aus? Das alles mußte schleunigst erfragt werden, denn woher sollte man wissen, ob nicht auch Sabeth eines Tages verschwinden würde oder vor Kummer sterben? Vielleicht bekam ihm auch das Klima auf die Dauer nicht und die Knechtsarbeit, die er auf dem Fortnerhof verrichtete. Ich wurde recht ärgerlich auf Fortners, daß sie sich so wenig um alles gekümmert hatten und daß man eigentlich in der wissenschaftlichen Durchforschung der Angelegenheit infolge ihrer Saumseligkeit noch ganz im Anfang war. Und wie gesagt, es konnte sein, daß es schon zu spät war. Die kleine Elisabeth hatte noch etwas berichtet, was mir in dieser Hinsicht zu denken gab und dem Gedächtnis Sabeths kein gutes Zeugnis ausstellte. Sie war einige Tage, nachdem die andern Raben verschwunden waren, mit Sabeth im Wald gewesen.

ELISABETH: Sabeth, ich möchte noch einmal fliegen.

SABETH: Fliegen? Hast du Flügel?

ELISABETH: Aber Sabeth! So wie wir schon einmal geflogen sind! Wir beide!

SABETH: Wir beide? Davon weiß ich nichts.

ELISABETH: Ich hielt mich an deinen Füßen fest und du flogst.

SABETH: Ich flog? Das wäre sehr unvorsichtig. Wenn du nun losließest?

ELISABETH: Ich lasse nicht los.

SABETH: Du könntest schwindelig werden und nicht mehr wissen, was du tust. Nein, ich hätte Angst um dich.

ELISABETH: Ach tu es, Sabeth! Es war so lustig, wie du meinen Namen in den Wald riefst, und als wir wieder zurückkamen, hörten wir das Echo.

SABETH: Was erzählst du für merkwürdige Sachen!

ELISABETH: Aber Sabeth! Tu nicht, als wüßtest du das nicht! Erinnerst du dich auch nicht, wie es so blau und dunkel war, daß es blendete?

SABETH: Nein.

ELISABETH: Daran denke ich oft. Ach tu es, Sabeth!

SABETH: Wenn du durchaus willst.

ELISABETH: Ich muß mich an deinen Füßen festhalten. So.

SABETH: Und jetzt?

ELISABETH: Jetzt mußt du „Elisabeth" in den Wald rufen.

SABETH *ruft:* Elisabeth!

Echo: Elisabeth!

ELISABETH: Nein, du mußt gleich, wenn du gerufen hast, wegfliegen. Jetzt!

SABETH *ruft:* Elisabeth!

In das Flügelrauschen hinein tönt das Echo: Elisabeth!

ELISABETH: Das war nichts, aber flieg weiter!

SABETH: Du bist mir schwer.

ELISABETH: Flieg in die Finsternis, die blendet! Oh, Sabeth, wo ist sie?

SABETH: Ich weiß nicht.

ELISABETH: Ich habe Angst.

SABETH: Ich auch. Warte, ich fliege hier auf den Fichtenast. Greif ihn!

ELISABETH: Ja, ich sitze.

SABETH: Ich setze mich neben dich.

ELISABETH: Oh, Sabeth, warum kommen wir nicht mehr höher hinauf?

SABETH: Waren wir höher?

ELISABETH: Es muß sehr hoch gewesen sein. Man sah keine Bäume mehr und keine Felder.

SABETH: Ich weiß nichts davon.

LEHRERIN: *Vielleicht war es wirklich für manches schon zu spät. Anderseits war natürlich ein menschengroßer Rabe, der sprechen konnte, schon erstaunlich genug, auch wenn man über seine Herkunft nicht mehr viel erfahren konnte. Ich nahm mir vor, alles zu sammeln. Es bedeutete viel für mich, wenn ich die eigentliche Entdeckerin der merkwürdigen Erscheinungen auf dem Fortnerhof war. Ich würde meinen Bericht zuerst an eine illustrierte Zeitung geben, mein Name würde gedruckt werden. Der Bericht könnte Aufsehen erregen, mit einem Schlage wäre ich aus der Enge meiner Reiskirchner Umwelt herausgehoben und eine Persönlichkeit von allgemeinem Interesse. Aber konnte ich das alles allein erreichen? Sollte ich nicht vielleicht Herrn Eginhard Woturba, den Schulleiter, mit ins Vertrauen ziehen? Ach, seinetwegen wollte ich doch mehr sein als ich war, er sollte mich bemerken in der Menge, mich, die seit mehr als einem Jahr neben ihm lebte und die ihn weniger zu interessieren schien als ein ferner Kontinent. Natürlich brauchte ich ihn, vor allem wegen der Fotografien. Ich hatte keinen Apparat und verstand auch nichts davon. Zuerst freilich mußte ich noch soviel wie möglich selber erforschen, — ich mußte ihm von vornherein überlegen sein. Dann sollte er mitarbeiten, und es war schon oft geschehen, daß aus einer solch engen Zusammenarbeit mehr entstanden war.*
Gegen Mitternacht kehrte Woturba heim. Ich hörte seine Schritte. Mich floh der Schlaf noch immer. Schließlich stand ich auf und begann damit, alles aufzuschreiben, was ich heute erlebt und erfahren hatte. Es war auch richtig das zu tun, bevor ich mit Sabeth selbst sprechen würde. Das nahm ich mir für den nächsten Tag vor.

Fünftes Kapitel

GESPRÄCH MIT SABETH

LEHRERIN: Offen gesagt habe ich mich in meinem Leben noch nie mit einem Raben unterhalten. Ich weiß infolgedessen nicht, ob ich Sie oder Du sagen muß.

SABETH: Halten Sie es, wie Sie wollen.

LEHRERIN: Ja, es ist vielleicht besser so. Mit Fortners stehen Sie ja schon länger in näheren Beziehungen, aber wir sind uns fremd. Außerdem sprechen Sie so vollkommen, daß ich immer denke, Sie wären ein verkleideter Mensch. Und kann man einen Menschen ohne weiteres duzen?

SABETH: Wie ein verkleideter Mensch komme ich Ihnen vor?

LEHRERIN: Ja.

SABETH: So fühle ich mich auch.

LEHRERIN: Sehen Sie, da sind wir schon bei dem, was ich Sie fragen wollte. Sie müssen entschuldigen, daß ich neugierig bin, aber es ist alles so merkwürdig, wenigstens im ersten Augenblick. Ich weiß auch nicht, ob Sie mir überhaupt antworten wollen.

SABETH: Warum nicht? Ich habe keine Geheimnisse. Fragen Sie nur! Ich werde Ihnen ganz offen antworten und die Wahrheit sagen.

LEHRERIN: Oh, das ist gut. So habe ich schon eine Sorge weniger. Hören Sie meine erste Frage: Von welcher Welt sind Sie gekommen?

SABETH: Von welcher Welt? Das verstehe ich nicht.

LEHRERIN: Nun, ich meine vom Mars oder von der Venus oder vom Mond?

SABETH: Nein, von nirgends her. Das heißt, ich will nicht lügen. Vielleicht doch. Ich weiß es nicht.

LEHRERIN: Sie wissen es nicht. Haben Sie es nie gewußt oder haben Sie es vergessen?

SABETH: Auch das weiß ich nicht.

LEHRERIN: Vielleicht haben Sie es nur vergessen. Können Sie nicht versuchen, sich zu erinnern?

SABETH: Oh, ich versuche das alle Tage.

LEHRERIN: Ohne Erfolg?

SABETH: Ohne Erfolg.

LEHRERIN: Vielleicht leiden Sie überhaupt unter Gedächtnisstörungen, wenn man es so nennen darf. Was meinen Sie, seit wann Sie es vergessen haben?

SABETH: Ich weiß nicht, das heißt, ich glaube, seitdem mich die andern verlassen haben. Nein, das stimmt auch nicht. Ich glaube, es fing schon früher an.

LEHRERIN: Aber wann?

SABETH: Ich glaube, seitdem ich anfing zu sprechen.

LEHRERIN: Ah!

SABETH: Mit dem Augenblick, wo ich das erste Wort aussprach, begann ich ein Gedächtnis zu haben und begann zugleich zu vergessen. Zuerst nur langsam und nur Einzelnes. Aber als die andern fortflogen, vergaß ich alles.

LEHRERIN: Sie sagen: Sie begannen, ein Gedächtnis zu haben, als Sie das erste Wort aussprachen. Vorher hatten Sie also kein Gedächtnis?

SABETH: Nein, ich glaube nicht.

LEHRERIN: Oh, das ist aber merkwürdig.

SABETH: Ja, manchmal kommt es mir auch schon merkwürdig vor.

LEHRERIN: Sie sagen: Als die andern fortflogen. Wissen Sie, daß sie fortgeflogen sind?

SABETH: Sie haben recht. Ich habe mich ungenau ausgedrückt. Aber ich denke schon wie die Menschen und meine, wenn Raben verschwinden, müßten sie geflogen sein.

LEHRERIN: Sie meinen, sie könnten ebenso gut gegangen sein?

SABETH: Ja, das ist möglich.

LEHRERIN: Aha.

126

SABETH: Aber ich glaube es nicht.

LEHRERIN: Warum glauben Sie es nicht?

SABETH: Ich habe ganz andere Vorstellungen von den Raben.

LEHRERIN: Aber wie sollte sich ein Rabe anders fortbewegen? Er kann nur fliegen oder gehen.

SABETH: Ja, das mag sein. Aber ich weiß nicht einmal genau, ob ich ein Rabe bin. Ich bin jetzt natürlich einer, aber ob ich einer war?

LEHRERIN: Fortners haben Sie doch alle gesehen.

SABETH: Gewiß, gewiß. Aber vielleicht kamen wir den Menschen nur wie Raben vor. Vielleicht ist das die Gestalt, in der wir ihnen sichtbar werden können. Oder vielleicht ist es eine der Gestalten.

LEHRERIN: Verzeihen Sie, jetzt bin ich ein bißchen verwirrt.

SABETH: Sie dürfen das auch nicht so wichtig nehmen, was ich sage. Möglicherweise ist es alles falsch. Ich denke nur in letzter Zeit viel nach, weil sich mein Leben jetzt in der Dunkelheit abspielt. Manchmal habe ich das Gefühl, daß sich die Dunkelheit für einen Augenblick erhellt. Manchmal, es ist allerdings selten.

LEHRERIN: Und sind diese Augenblicke ganz zufällig?

SABETH: Zufällig können sie nicht sein, wenn sie die Dunkelheit heller machen.

LEHRERIN: Das ist alles nicht einfach für mich. Können Sie mir nicht ein Beispiel sagen?

SABETH: Neulich zum Beispiel sah ich einen Baum.

LEHRERIN: Ja und?

SABETH: Da war es so.

LEHRERIN: Wie? Daß sich die Dunkelheit erhellte?

SABETH: Ja.

LEHRERIN: War etwas Besonderes an dem Baum?

SABETH: Nein.

LEHRERIN: War es eine Kiefer?

SABETH: Eine Platane.

LEHRERIN: Platanen sind hier nicht häufig.

SABETH: Sie stehen als Chausseebäume an der Straße.

LEHRERIN: Das ist wahr. Aber sagen Sie, was vor sich ging.

SABETH: Nichts, oder auch sehr viel. Es durchfuhr mich wie ein Licht.

LEHRERIN: Ja und?

SABETH: Dann war es wieder weg. Es war ein jähes, großes Entzücken. Ich wußte alles.

LEHRERIN: Ah — Sie wußten alles! Was wußten Sie?

SABETH: Ich habe es im gleichen Augenblick vergessen.

LEHRERIN: Mein Gott, so kommen wir nicht weiter. Ich bin durcheinander. Was wollte ich Sie noch fragen? Ja, — Sie meinen also, die Raben kämen nicht wieder?

SABETH: Ich weiß es nicht. Ich weiß ja nicht einmal, ob sie fort sind. Aber daß ich es nicht weiß, das ist eigentlich das Zeichen, daß ich sie nicht wiedersehen werde.

LEHRERIN: Was ist denn jetzt anders als vorher?

SABETH: Daß ich sterben werde.

LEHRERIN: Daß Sie sterben? Waren Sie vorher unsterblich?

SABETH: Ich weiß es nicht. Ich habe das so herausgesagt, es kam mir sofort auf die Zunge. Aber wenn es mir so auffällt an meinem jetzigen Leben, dann war ich vielleicht früher wirklich unsterblich. Oh — ich muß darüber nachdenken.

LEHRERIN: Ja, denken Sie darüber nach. Vielleicht fällt es Ihnen bis morgen ein.

SABETH: Ich weiß nicht, ob einem die Unsterblichkeit bis morgen einfallen kann. Zudem macht mich das Nachdenken traurig.

LEHRERIN: Weil Sie bemerken, daß Sie kein Rabe mehr sind?

SABETH: Ja, ich bin nicht mehr, was ich bin. Ihr habt es gut.

LEHRERIN: Oh, ich verstehe, daß Sie traurig sind.

SABETH: Sagen Sie es Elisabeth nicht, daß ich traurig bin. Ich bemühe mich, es ihr nicht zu zeigen. Ich möchte gern, daß sie immer lacht. Aber ach — sie hat es gewiß längst bemerkt.

128

LEHRERIN: *Nach diesem Gespräch wurde es mir klar, daß ich es allein nicht schaffen konnte. Dann aber bewog mich auch das Gefühl, es sei mit den Fotografien eilig, Woturba sogleich ins Vertrauen zu ziehen. Als ich ihm am nächsten Tage erzählte, worum es sich handelte, sah ich ihm an, daß er mich für irre hielt. Glücklicherweise hatte er die übliche Ansicht, nämlich die, daß man einem Irren nicht widersprechen solle, um keinen Anfall hervorzurufen. So versprach er mir in nachgiebigster Weise, mich zum Fortnerhof zu begleiten, den Fotoapparat mitzunehmen und Aufnahmen zu machen. Er wollte mir auch bei meinen Aufzeichnungen behilflich sein und nahm zunächst einmal das mit, was ich schon geschrieben hatte. Er wollte es, wie er sagte, vorm Einschlafen lesen. Mir war es recht, daß er sich vorm Einschlafen mit mir beschäftigen wollte. Besser, er hielt mich für wahnsinnig, als daß er mich übersah. Er würde seine Meinung ohnehin ändern müssen.*

Sechstes Kapitel

EIN FOTOGRAFIERTES GESPRÄCH

LEHRERIN: *Als ich mit Eginhard Woturba das Schulhaus in Reiskirchen verließ, um zum Fortnerhof zu gehen, steckte er mir mein Manuskript zu, und indem er mich mit einem Lächeln ansah, das ich nicht zu deuten wußte, sagte er:*

WOTURBA: Ich weiß nicht, was ich davon halten soll. Es klingt ganz überzeugend. Vielleicht sind Sie eine phantasievolle Schriftstellerin.
LEHRERIN: Ich? Ach, ich bin nichts; — ein Fräulein Lehrer.

WOTURBA: Vielleicht sind Sie auch verrückt. Entschuldigen Sie, daß ich das so direkt sage.

LEHRERIN: Oh, ich verstehe Sie sehr gut. Es klingt wirklich alles etwas irre. Nun — Sie werden gleich sehen, ob ich nur phantasiert habe.

WOTURBA: Sollte es wirklich einen solchen Raben geben, so werde ich jedenfalls nicht in Ohnmacht fallen, sondern so tun, als ginge ich täglich mit Geschöpfen seiner Art um.

LEHRERIN: Dennoch: Vergessen Sie vor Erstaunen nicht das Fotografieren!

WOTURBA: Ich habe drei Filme mitgenommen, das dürfte fürs erste reichen.

LEHRERIN: Tun Sie es möglichst unauffällig. Ich weiß nicht, ob es ihm recht ist.

WOTURBA: Sie tun wirklich schon, als wäre alles wahr. Und weiß Gott, mir kommt es auch allmählich selbstverständlich vor. Ich muß sogar gestehen, die Lektüre Ihrer Aufzeichnungen hat mich schon zu einer Theorie angeregt. *Er lacht.* Ein Zeichen für die Überzeugungskraft Ihres Stils.

LEHRERIN: Sie machen sich lustig über mich.

WOTURBA: Es gefällt mir, daß Sie nicht nach meiner Theorie fragen, sondern daß es Ihnen wichtiger ist, was ich über Sie denke.

LEHRERIN: Welches ist denn Ihre Theorie?

WOTURBA *lachend:* Zu spät! Soll ich mich nicht lieber erst davon überzeugen, daß Sie wirklich nicht —

LEHRERIN: — verrückt sind. Hoffentlich bin ich es nicht.

WOTURBA: Ein wenig darf es natürlich jeder sein.

LEHRERIN *seufzend:* Ja, — meinen Sie?

WOTURBA: Wie könnte man sonst diesen Weg gehen mit der ernsthaftesten Absicht, sich mit einem Raben zu unterhalten?

LEHRERIN: Helfen Sie mir, daß ich nicht wieder die wichtigen Fragen vergesse.

SABETH: Sie wünschten, Fräulein, daß ich nachdenke, wie denn wir Raben sterben.

LEHRERIN: Oder ob Sie unsterblich wären.

SABETH: Ich habe nachgedacht, aber nichts Gewisses gefunden.

LEHRERIN: Nichts Gewisses, aber doch etwas?

SABETH: Es sind Dinge, die Sie sich selber ausdenken könnten. Wirklich, alles, was Sie über mich denken könnten, ist nicht weniger richtig als was ich selber denke. So wenig weiß ich. Doch wenn ich die Dinge betrachte, die ich nun bei euch gesehen und gelernt habe, so kommen mir Bilder, die so überraschend sind, daß ich meine, es seien Erinnerungen. Tod, Liebe, Zeugung, Geburt, Unsterblichkeit, – ich finde zu all dem nichts recht Entsprechendes.

WOTURBA: Verzeihen Sie, daß ich mich einmische. Ihr Dasein mitten unter uns ist so unbegreiflich, daß uns die Neugier und das Verlangen nach wissenschaftlicher Genauigkeit plagt.

SABETH: Oh, war ich ungenau? Ich gebe mir alle Mühe.

WOTURBA: Tod, Liebe, Unsterblichkeit, das sind vorerst recht nebelhafte Dinge. Wir sollten erst die Realia Ihrer Welt kennen, also zum Beispiel nicht über die Liebe sprechen, sondern über das Geschlecht.

SABETH: Sie möchten wissen, ob wir auf Nestern sitzen und Eier ausbrüten wie die Nebelkrähen.

WOTURBA: Ja, zum Beispiel das.

SABETH: Wenn ich es nur wüßte. Sie verlangen Genauigkeit, wo ich selbst nur Vermutungen habe.

LEHRERIN: Und was vermuten Sie?

SABETH: Daß wir Raben geschlechtslos sind.

WOTURBA: Geschlechtslos? Aber –

SABETH: Ich sage Ihnen ja, daß es mir selbst merkwürdig vorkommt. Ich glaube, daß keiner von uns je gezeugt und geboren ist, von Eiern und Nestern, Männchen und Weibchen ganz zu schweigen.

WOTURBA: Eine geschlechtslose Welt? Wie paßt die Rabengestalt dazu?

SABETH: Ich sagte schon, daß ich nicht sicher bin, ob wir wirklich Raben sind. Aber dies einmal vorausgesetzt, so weiß
ich doch nicht, ob wir mehrere Raben sind, zwanzig oder
dreißig oder hundert. Vielleicht sind wir nur einer.

LEHRERIN: Wie? Dann wären Sie gar nicht Sabeth, also einer
der Raben, die hier gesehen wurden? Dann wären Sie: Alle
Raben.

SABETH: Diese Hoffnung ist mir zu verwegen.

LEHRERIN: Aber ist es nicht möglich?

SABETH: Alles, was Sie denken, ist möglich, warum nicht dieses? Aber nehmen wir einmal an, wir wären mehrere. Zum
mindesten muß es dann über diesem einzelnen Sein noch
ein sehr viel deutlicheres allgemeines Rabensein geben.

WOTURBA: Ich verstehe: So wie der Termitenstamm vielleicht e i n Lebewesen ist, das sich in einzelne Individuen
gespalten hat.

SABETH: Das weiß ich nicht. Möglich. Ich bin keine Termite.

LEHRERIN: Wenn Sie nicht wissen, ob Sie ein Rabe sind, so
könnten Sie doch eine Termite sein.

SABETH: Schade, daß ich kein Mensch bin, sonst würde ich
Ihnen für diese Bemerkung die Hand küssen. Vielleicht
tut es Herr Woturba für mich?

WOTURBA: Gern.

SABETH: Danke.

LEHRERIN: Ich danke auch. Aber woher wissen Sie, daß Sie
kein Mensch sind?

SABETH: Sehen Sie nicht mein Rabenkleid?

WOTURBA: Wir haben Sie unterbrochen. Sie meinten, die
Raben hätten ein gemeinsames Sein, das stärker ist als ihr
vereinzeltes?

SABETH: Jedenfalls ist es mir, als gäbe es Augenblicke, wo sie
nur noch e i n Rabe sind. Ich meine, daß dies ein sehr

seltener und starker Augenblick ist, ein Augenblick, der das Feuer und die verzehrende Kraft eines Blitzes hat.

WOTURBA: Und dann?

SABETH: Dann sind wir wieder mehrere. Soll man es Tod nennen oder Geburt?

LEHRERIN: Liebe, Unsterblichkeit.

SABETH: Ja, vielleicht ist es das alles.

WOTURBA: Welch schreckliches Dasein!

SABETH: Ich ersehne es zurück. Oft war ich in letzter Zeit der Verzweiflung nahe. Aber ich habe ein wenig Hoffnung geschöpft, denn mir ist ein Gedanke gekommen, der tröstlich ist. Vielleicht war es mein Auftrag, unter euch zu leben und eure Sprache sprechen zu lernen, mein Auftrag also, zu vergessen.

WOTURBA: Ein wissenschaftlicher Auftrag?

SABETH: Ich weiß nicht, aus welchen Gründen er gegeben sein könnte. Ich weiß nicht, ob es da, wo ich herkomme, überhaupt Gründe gibt. Aber es wäre tröstlich anzunehmen, daß mir der Gedanke, ausgestoßen zu sein, nur aus der menschlichen Sprache kommt. Könnte es nicht ein Auftrag sein?

WOTURBA: Sie fragen uns?

SABETH: Sie könnten es ebenso wissen wie ich. Sprechen wir nicht die gleiche Sprache?

WOTURBA: Daraus müssen Sie schließen, daß wir es ebenso nicht-wissen wie Sie.

SABETH: Nun ist es aber ebenso eine Hoffnung wie eine Furcht. Denn so sehr ich mich auch danach sehne, in meine Welt zurückzukehren, so ist es mir doch schrecklich, die eure zu verlassen.

WOTURBA: Wie? Sie hängen an dieser Welt, in der Sie nichts sind?

SABETH: Ja.

Die Tür wird geöffnet.

ELISABETH: Sabeth? Darf ich hereinkommen?
SABETH: Ich warte schon so lange auf dich, Elisabeth.
ELISABETH: Bist du fröhlich, Sabeth?
SABETH: Sehr, Elisabeth.
ELISABETH: Dann bin ich auch froh.
SABETH: Ich bin froh, weil du da bist.

Siebtes Kapitel

SABETHS TOD

LEHRERIN: *Im nebligen Dunkel des Novemberabends gingen wir den Weg nach Reiskirchen zurück. Ich bin nachtblind und hatte mich in Herrn Woturbas Arm gehängt. So ihm ganz nahe war es mir schwer, nur an Sabeth zu denken und Herrn Woturbas Ausführungen recht zu folgen, die er auf unserem Gang durch die Nacht vortrug. Auch verwirrte es mich, daß er mich beim Vornamen nannte.*

WOTURBA: Ich dachte, es würde mir alles klar sein, wenn ich Sabeth gesehen hätte. Aber es ist ebenso unklar, als wäre er gar nicht da.
LEHRERIN: Nicht wahr, das hatten Sie erwartet, weil Sie mich für eine hysterische Irre hielten!
WOTURBA: Nicht doch, Therese. Aber ich glaubte, es handle sich um eine Massensuggestion.
LEHRERIN: Und das ist jetzt nicht mehr möglich?
WOTURBA: Ich nehme es ungern an, denn dann wäre ich hier selber unterlegen. Von welcher Person außerdem könnte sie ausgehen? Ich dachte natürlich an Sie, Therese, weil ich durch Ihren Bericht von der Sache erfuhr. Doch ich habe

mich überzeugt, daß Sie in der Angelegenheit nur am Rande stehen. Eigentlich müßte es Elisabeth sein, niemand anderes. Aber sind es die Gedanken eines neunjährigen Kindes, die Sabeth äußert? Nein, um eine Suggestion kann es sich nicht handeln.

LEHRERIN: Also ein okkulter Fall?

WOTURBA: Einmal angenommen, daß es dergleichen wirklich gibt: Hier käme auch wieder nur Elisabeth als Medium in Betracht, und die gleichen Gründe sprechen dagegen. Sabeth ist kein Geschöpf aus Elisabeths Reich. Es gibt nur zwei Möglichkeiten: Entweder sind wir alle über Nacht verrückt geworden —

LEHRERIN: Oder?

WOTURBA: — oder Sabeth existiert wirklich.

LEHRERIN: Ich zweifle nicht daran.

WOTURBA: Aber woher kommt er? Was ist er für ein Wesen? Wir wissen noch immer nichts.

LEHRERIN: Vielleicht ergibt sich etwas aus den Fotos.

WOTURBA: Was sollte sich daraus ergeben? Nun jedenfalls bringe ich sie morgen zum Entwickeln.

LEHRERIN: Wieviel haben Sie aufgenommen?

WOTURBA: Zehn. Nummer eins: Sabeth, wie er zur Tür hereinkommt. Nummer zwei: Sabeth allein, sprechend. Nummer drei: Sabeth und Therese. Nummer vier mit Selbstauslöser: Sabeth und ich. Nummer fünf: Wir drei. Nummer sechs: Nochmals Sie beide. Nummer sieben, acht und neun: Sabeth und Elisabeth. Nummer zehn: Nochmals Sabeth allein.

LEHRERIN: Ich werde meinen Bericht weiterschreiben. Wenn wir dann die Fotografien haben —

WOTURBA: Ich kenne einen Redakteur. Ihm werde ich das alles schicken. Wir müssen freilich noch öfter mit Sabeth sprechen. Nur fehlt es an System in den Gesprächen. Ich will mir heute nacht ganz präzise Fragen notieren, die eine nach der andern abgehandelt werden muß. Morgen gehen wir wieder zum Fortnerhof.

LEHRERIN: *Zwar gingen wir am nächsten Tag zum Fortner-hof, aber inzwischen hatte sich vieles geändert und ent-schieden. Am Morgen fehlte Elisabeth in der Schule. Auf dem Katheder fand ich einen Zettel mit der ungelenken Aufschrift „Sabeth ist tot". Ich weiß nicht, ob er von Eli-sabeth stammte. Was war geschehen? Voller Unruhe mach-ten wir uns, Eginhard und ich, am Nachmittag auf den Weg. Wir trafen diesmal Herrn Fortner an.*

BAUER: Ja, er ist tot.

WOTURBA: Wo ist er? Können wir ihn sehen?

BAUER: Er ist nicht mehr da.

WOTURBA: Haben Sie ihn fortgeschafft?

BAUER: Nein, er ist einfach verschwunden.

WOTURBA: Haben Sie keinen Verdacht, wer ihn fortgeschafft haben könnte?

BAUER: Sie mißverstehen mich. Es war nie ein Leichnam da.

LEHRERIN: Und er ist dennoch tot?

BAUER: Es war gestern abend gegen neun. Wir saßen um den Tisch, meine Frau und ich und Elisabeth. Elisabeth war über ihren Schulaufgaben. Sabeth hatte ihr zuerst ge-holfen, dann aber war er an den Ofen gegangen. Er litt in letzter Zeit etwas unter der Herbstkälte. Meine Frau strickte, ich las die Zeitung. Es war ganz still, nur manch-mal hörte man Elisabeths Feder auf dem Papier kratzen. Da sagte auf einmal Sabeth mit einer ganz anderen Stim-me als sonst: „Elisabeth!" Er sagte es nicht laut, aber zu-gleich schrie er es, ja es war, als ob er sie um Hilfe riefe. Wir schauten alle auf und sahen ihn an. Wir sahen ihn an, und im gleichen Augenblick war er verschwunden.

LEHRERIN: Lief er zur Tür hinaus?

BAUER: Nein, an der Stelle, wo er gestanden hatte, war nichts mehr. Aber es war keine Tür und kein Fenster aufgegangen. Freilich war es eigentlich noch ein wenig anders. Gewiß, er war da und war im gleichen Augenblick weg, aber es war wiederum ein anderer Augenblick. Inzwischen war eine Ewigkeit vergangen.

WOTURBA: Eine Ewigkeit?

BAUER: Meine Frau drückte es so aus: Es war, wie wenn man erwacht und meint, man habe überhaupt nicht oder nur kurz geschlafen. Inzwischen aber ist die ganze Nacht vergangen.

WOTURBA: Hat Elisabeth das auch gemerkt?

BAUER: Elisabeth sagt, es war wie damals, als sie mit Sabeth in die blaue blendende Dunkelheit flog.

WOTURBA: Ja, so muß es gewesen sein.

LEHRERIN: Wieso müßte es so gewesen sein?

WOTURBA: Ich meine, etwas begriffen zu haben. Man sollte Elisabeth befragen.

BAUER: Das können Sie nicht.

LEHRERIN: Wo ist sie?

BAUER: Sie läuft durch den Wald und sucht ihn.

LEHRERIN: Ja, sie läuft durch den Wald und sucht ihn. Tut sie nicht recht? Wer sagt euch, daß er tot ist?

BAUER: Ja, er ist tot.

WOTURBA: Man kann es so nennen, weil er nie wiederkommen wird. Aber tot? Nein, er ist nicht tot, er ist in sein anderes Leben zurückgekehrt, das keine Verbindung mit uns hat.

BAUER: Ist das nicht das gleiche wie der Tod?

LEHRERIN: *Im Walde, durch den der Weg nach Reiskirchen führt, hörten wir in der Dämmerung Elisabeths Stimme, die nach dem verlorenen Freunde rief. Aber nichts als das Echo antwortete ihr.*

ELISABETH *rufend:* Sabeth!
  Echo: Sabeth —
  Ruf: Sabeth!
  Echo: Sabeth —

LEHRERIN: *Es war wie der Ruf der unabwendbaren Einsamkeit, und ich fühlte die Tränen in mir aufsteigen und drückte den Arm meines Begleiters fester.*
In den nächsten Tagen schrieben wir zusammen den Bericht fertig und stellten ein endgültiges Manuskript her, in das jetzt nur noch die Fotos eingefügt werden mußten. Leider hatten wir dann doch viele Änderungen, denn als die Fotos endlich kamen, sahen wir, daß etwas Merkwürdiges geschehen war.

WOTURBA: Das erste Bild: Sabeth, der zur Tür hereinkommt. Was siehst du?

LEHRERIN: Nichts.

WOTURBA: Das ist übertrieben. Ich sehe die geöffnete Tür sehr deutlich. Es ist ein ausgezeichnetes, sehr scharfes Foto.

LEHRERIN: Aber Sabeth ist nicht darauf.

WOTURBA: Richtig. Aber sehen wir weiter. Bild zwei: Sabeth, allein, sprechend. Man sieht sehr deutlich eine Kommode mit einer Glasschale darauf, in der offenbar Briefe liegen.

LEHRERIN: Und von Sabeth keine Spur.

WOTURBA: Bild drei: Sabeth und Therese. Ich finde, es ist ein gutes Bild von dir. Auf dem vierten bin ich dann.

LEHRERIN: Auch eine gute Aufnahme.

WOTURBA: Bild fünf: Wir beide.

LEHRERIN: Und Sabeth? Ist er auf keinem einzigen?

WOTURBA: Auf keinem.

LEHRERIN: Und nun? Er war also gar nicht da!

WOTURBA: Warum sollte er nicht dagewesen sein? Weil ihn der Fotoapparat nicht festhalten kann? Was besagt das schon? Er existierte so, daß es war, als ob er nicht existierte. Ich glaube, daß er in einer Welt lebte, in der die unsre als ein Teil enthalten ist. Deshalb ist er uns unerklärlich, deshalb erreichen ihn weder wir noch unsere Apparate. Haben wir nicht eine Ahnung davon in dem Rätselhaften und Schrecklichen, was wir Zeit nennen? Das ist der Rest, der sich in unserm Raum nicht einordnen läßt. Für Sabeth gab es keine Zeit in unserm Sinne. Er lebte darin wie wir im Raum. Er lebte in der Ewigkeit. Denke an Elisabeths Flug in die blaue blendende Dunkelheit, denke an diesen ewigen Augenblick, als Sabeth verschwand, denke auch an seine Ahnung, daß seine Rabengestalt nichts Absolutes war.

LEHRERIN: Er wäre also vollkommen gewesen?

WOTURBA: Wir wissen nicht, was es dort für Mängel gibt, wo wir schon Vollkommenheit sehen. Die Götter und Engel haben noch Gott über sich.

LEHRERIN: Und was ist uns geschehen? Wir sind die, die einen Blick in jene andere Welt getan haben.

WOTURBA: Dieser Blick wäre der Tod. Wir haben nur den Vorhang gesehen, der sie verbirgt.

LEHRERIN: Und doch kommt es mir vor, als ziele alles auf diese Welt. Wo also ist sie, wo?

WOTURBA: Überall. Wir sind selber darin. Wir wissen nichts und wir verstehen die Zeichen nicht, die uns bisweilen gegeben werden.

Achtes Kapitel

EIN BEWEIS FÜR SABETHS EXISTENZ

LEHRERIN: *Einige Zeit später sandten wir das Manuskript mit den nichtssagenden Fotos an den Redakteur, den Eginhard kannte. Wir ahnten nicht, daß wir dadurch einer neuen Spur von Sabeths irdischem Dasein begegnen sollten.*

Büro.

REDAKTEUR *diktierend:* Sehr geehrter Herr Woturba! Haben Sie Dank für Ihre freundliche Einsendung, die wir leider —
Nein, halt!

SEKRETÄRIN: Soll ich das Blatt herausnehmen?

REDAKTEUR: Eine alberne Geschichte, mit der man nichts anfangen kann. Und diese Fotos! Aber trotzdem —

SEKRETÄRIN: Vielleicht könnte man einen Raben hineinmontieren?

REDAKTEUR: Aber woran erinnert mich das alles? Hat mir nicht irgend jemand was erzählt? Warten Sie, — es war Dr. Schlefink. Suchen Sie die Telefonnummer! Wie war das? Er war mit seiner Frau im Auto gefahren —

Fahrendes Auto.

FRAU: Was ist das dort vorn auf der Straße? Ein Kreisel?

MANN: Ein meterhoher Kreisel?
Er bremst.
Das Ding wehte aufs Auto zu.

FRAU: Wo ist es geblieben?

MANN: Warte!

Er öffnet die Autotür.

MANN: Schau her, Elfriede, was hier vorm Kühler liegt!

FRAU: Eine Feder? Das muß ein riesiger Vogel gewesen sein.

MANN: War das nun der Kreisel?

FRAU: Die Feder hat aufrecht auf dem Kiel gestanden und sich gedreht.

MANN: Und was für ein Luftwirbel hat sie bewegt? Mir kommt es völlig windstill vor.

FRAU: Aber sag, was das für ein Vogel ist!

MANN: Ein Strauß.

FRAU: Das ist keine Straußenfeder.

MANN: Ein schwarzer Schwan.

FRAU: Ein Riesenrabe würde ich sagen.

MANN: Einen Vogel mit solchen Federn gibt es nicht. Wahrscheinlich ist es eine künstliche Feder.

FRAU: Nein, sie ist nicht künstlich.

MANN: Ist das alles nicht etwas merkwürdig?

FRAU: Ein bißchen unheimlich. Ich habe das Gefühl, es stünde jemand hinter uns.

MANN: Was?

FRAU: Ein riesiger schwarzer Vogel. Er könnte mich packen und forttragen.

MANN: Keine Halluzinationen! Es steht niemand hinter uns. Die Feder nehmen wir mit.

FRAU: Muß das sein?

MANN: So was läßt man nicht liegen.

FRAU: Komm, laß uns weiterfahren!

MANN: Einen Augenblick! Ich will mir lieber notieren, wo wir sie gefunden haben. Bundesstraße 299 bei Kilometer —

FRAU: Da ist ein Stein: Sechzehn.

MANN: Sechzehn. Und sonst? Felder, Wald nicht weit von der Straße. Platanen am Wegrand. Kein Gehöft zu sehen.

FRAU: Vielleicht bringt uns das schwarze Ding Unglück?

MANN: Es könnte auch Glück bringen. Wahrscheinlich keins
von beiden.
Das Auto fährt ab.

REDAKTEUR: *wählend:* 2 — 1 — 6 — 1 — 5
Telefongeräusche.
FRAU *im Telefon:* Hier bei Dr. Schlefink.
REDAKTEUR: Hier Reinicke. Guten Tag, Frau Schlefink.
FRAU: Guten Tag, Herr Reinicke.
REDAKTEUR: Eine Frage, Frau Schlefink! Ihr Mann hatte
mir neulich von einer Vogelfeder erzählt, einer riesigen
schwarzen Feder, die Sie auf der Straße gefunden haben.
FRAU: Ja, gewiß. Das war ein bißchen sonderbar. Die Fe-
der hängt als Wandschmuck hier im Zimmer. *In veränder-
tem Ton.* Einen Augenblick — ja —
REDAKTEUR: Was ist denn, Frau Schlefink?
FRAU: Das ist aber merkwürdig. Vor einer Minute hing sie
noch da.
REDAKTEUR: Ist sie heruntergefallen?
FRAU: Nein, es hängt etwas anderes an der Stelle.
REDAKTEUR: Was denn?
FRAU: Ein Platanenzweig. Die Blätter sind ganz frisch.
REDAKTEUR: Ein Platanenzweig?

Neuntes Kapitel

EPILOG

LEHRERIN: *Es ist Winter, wie damals, als Sabeth in unsere
Gegend kam. Alles geht seinen gewohnten Gang, die
Bauern sitzen auf ihren verschneiten Höfen, der Schnee
fällt, die Bäume sind kahl. Die Kunde von den schwarzen*

Gästen ist nicht weit gedrungen. Hin und wieder heißt es,
der Teufel sei gesehen worden, aber nur wenige wissen,
woher das Gerücht stammt. Unser Bericht ist nirgends er-
schienen. Mir ist er freilich nicht mehr so wichtig. Mein
Leben hat eine glückliche Wendung genommen. Vorerst
bleibe ich noch im Schuldienst. Ich unterrichte gern, und
Kinder sind mir lieb. Doch muß ich mir Mühe geben, nicht
zu zeigen, daß mir Elisabeth die liebste ist. Sie macht mir
viel Sorgen. Sie ist meistens unaufmerksam und ganz gei-
stesabwesend. Oft in diesen Tagen, wo draußen der Schnee
liegt, steht sie mitten während des Unterrichts von ihrem
Platz auf und tritt ans Fenster. Ich sehe, wie sie in das
neblige Weiß hinausschaut und auf einen Krähenschwarm,
der sich irgendwo niedergelassen hat. Ich will das Kind
nicht erschrecken und rufe es halblaut an:
Elisabeth!
Und sie dreht sich um und sieht mich an, wild und trau-
rig, wie nur Tiere blicken.

TRÄUME

Der erste Traum

> URALTER
> URALTE
> ENKEL
> FRAU
> KIND

Der zweite Traum

> MANN
> FRAU
> HERR
> DAME
> KIND

Der dritte Traum

> VATER
> MUTTER
> NACHBARIN
> BOB
> ELSIE
> BÜRGERMEISTER
> STIMME

Der vierte Traum

> ANTON
> WASSILIJ
> KOCH

Der fünfte Traum

> MUTTER
> TOCHTER
> BILL
> ANSAGER
> PROFESSOR

Ich beneide sie alle, die vergessen können,
die sich beruhigt schlafen legen und keine Träume haben.
Ich beneide mich selbst um die Augenblicke blinder
                                    Zufriedenheit:
erreichtes Urlaubsziel, Nordseebad, Notre Dame,
roter Burgunder im Glas und der Tag des Gehaltsempfangs.
Im Grunde aber meine ich, daß auch das gute Gewissen
                                    nicht ausreicht,
und ich zweifle an der Güte des Schlafes, in dem wir uns
                                    alle wiegen.
Es gibt kein reines Glück mehr (– gab es das jemals? –),
und ich möchte den einen oder andern Schläfer aufwecken
                                    können
und ihm sagen, es ist gut so.

Fuhrest auch du einmal aus den Armen der Liebe auf,
weil ein Schrei dein Ohr traf, jener Schrei,
den unaufhörlich die Erde ausschreit und den du
für Geräusch des Regens sonst halten magst oder das
                                    Rauschen des Winds.
Sieh, was es gibt: Gefängnis und Folterung,
Blindheit und Lähmung, Tod in vieler Gestalt,
den körperlosen Schmerz und die Angst, die das Leben meint.
Die Seufzer aus vielen Mündern sammelt die Erde,
und in den Augen der Menschen, die du liebst, wohnt die
                                    Bestürzung.
Alles, was geschieht, geht dich an.

Der erste Traum

In der Nacht vom 1. zum 2. August 1948 hatte der Schlossermeister Wilhelm Schulz aus Rügenwalde in Hinterpommern, jetzt Gütersloh in Westfalen, einen nicht sonderlich angenehmen Traum, den man insofern nicht ernst nehmen muß, als der inzwischen verstorbene Schulz nachweislich magenleidend war. Schlechte Träume kommen aus dem Magen, der entweder zu voll oder zu leer ist.

Ein langsam fahrender Zug. Die Stimmen im Waggon.

URALTER: Es war vier Uhr nachts, als sie uns aus den Betten holten. Die Standuhr schlug vier.

ENKEL: Du erzählst immer dasselbe. Das ist langweilig, Großvater.

URALTER: Aber wer war es, der uns holte?

ENKEL: Vier Männer mit undurchdringlichen Gesichtern, nicht wahr? So wärmst du uns deine Vergangenheit jeden Tag auf. Sei still und schlaf!

URALTER: Aber wer waren die Männer? Gehörten sie zur Polizei? Sie trugen eine Uniform, die ich nicht kannte. Es war eigentlich keine Uniform, aber sie hatten alle vier die gleichen Anzüge.

URALTE: Ich glaube bestimmt, daß es die Feuerwehr war.

URALTER: Das sagst du immer. Aber warum sollte einen die Feuerwehr nachts aus dem Bett holen und in einen Güterwagen sperren?

URALTE: Es ist nicht merkwürdiger, als wenn es die Polizei gewesen wäre.

URALTER: Mit der Zeit gewöhnt man sich daran. Das Leben, das wir bis zu jenem Tag geführt hatten, war eigentlich viel merkwürdiger.

FRAU: Weiß Gott, es muß ziemlich merkwürdig gewesen sein.

URALTER: Am Ende ist das Dasein im Güterwagen das gewöhnliche?

URALTE: Still, das darfst du nicht sagen.

FRAU: Ja, seid still da! Dieses dumme Geschwätz! *Leiser.* Komm näher, Gustav, wärme mich.

ENKEL: Ja.

URALTER: Es ist kalt. Rück auch näher, Alte!

URALTE: Ich tauge nicht mehr viel zum Wärmen.

URALTER: Wie lange ist es her, daß wir unser Haus verlassen mußten? Wie lange ist es her, daß wir in diesem Wagen fahren?

URALTE: Keine Uhr, kein Kalender, — aber die Kinder sind inzwischen groß geworden, und die Enkel sind groß geworden, und wenn es etwas heller ist —

URALTER: Du meinst, wenn Tag draußen ist.

URALTE: — wenn es etwas heller ist und ich dein Gesicht sehen kann, lese ich aus den Falten, daß du ein alter Mann bist und ich eine alte Frau.

URALTER: Es sind sicher an die vierzig Jahre her.

UALTE: Ja, so lange ungefähr. Leg deinen Kopf auf meinen Arm. Du liegst so hart.

URALTER: Ja, danke.

URALTE: Kannst du dich erinnern: Es gab etwas, was wir Himmel nannten und Bäume.

URALTER: Hinter unserm Haus stieg der Weg etwas an bis zum Waldrand. Auf den Wiesen blühte im April der Löwenzahn.

URALTE: Löwenzahn, — was du für merkwürdige Wörter gebrauchst!

URALTER: Löwenzahn, erinnere dich doch, eine gelbe Blume, die Wiesen waren gelb davon, in den Stengelwänden war ein milchiger weißer Saft. Und wenn er abgeblüht war, saßen wollige weiße Kugeln auf den Stengeln, und der gefiederte Same flog davon, wenn man hineinblies.

URALTE: Ich hatte das ganz vergessen, aber jetzt erinnere ich mich.

URALTER: Und erinnerst du dich an die Ziege, die wir im Stall hatten?

URALTE: Die weiß ich noch. Ich molk sie jeden Morgen.

URALTER: Im Schlafzimmer stand der Kleiderschrank, und ich hatte einen dunkelblauen guten Anzug darin. Warum denke ich daran? Als ob der dunkelblaue Anzug das Wichtigste, das Beste gewesen wäre!

URALTE: Was war das Beste?

URALTER: Alles war gut, die Akazie vorm Haus und die Himbeeren am Zaun.

URALTE: Das Beste war, daß wir glücklich waren.

URALTER: Aber wir wußten es nicht.

URALTE: Wie hieß die Blume, von der du vorhin sprachst, die gelbe?

URALTER: Löwenzahn.

URALTE: Löwenzahn, ja, ich erinnere mich.

Ein Kind beginnt zu weinen.

URALTE: Was hat die Kleine?

FRAU: Was hast du, Frieda?

KIND: Sie sprechen immer von gelben Blumen.

ENKEL: Sie sprechen immer von Sachen, die es nicht gibt.

KIND: Ich möchte eine gelbe Blume haben.

ENKEL: Das kommt von deinem Gerede, Großvater. Das Kind will eine gelbe Blume haben. Niemand von uns weiß, was das ist.

FRAU: Es gibt keine gelben Blumen, mein Kind.

KIND: Aber sie erzählen es immer.

148

FRAU: Das sind Märchen, mein Kind.

KIND: Märchen?

FRAU: Märchen sind nicht wahr.

URALTER: Das solltest du dem Kind nicht sagen. Es ist doch wahr.

ENKEL: Dann zeig sie her, die gelbe Blume!

URALTER: Ich kann sie nicht zeigen, das weißt du.

ENKEL: Es ist also Lüge.

URALTER: Muß es deswegen Lüge sein?

ENKEL: Nicht nur die Kinder, uns alle machst du verrückt mit deinen Erzählungen. Wir wollen diese Märchen nicht kennen, wollen nicht wissen, was du dir Tag und Nacht zusammenträumst.

URALTER: Es ist nicht geträumt. Es ist das Leben, das ich früher geführt habe. Stimmt das nicht, Alte?

URALTE: Ja, es stimmt.

ENKEL: Gleichgültig, ob es stimmt oder nicht, meinst du, wir werden glücklicher davon, wenn du uns erzählst, daß es einmal schöner war und daß es irgendwo schöner ist als bei uns? Daß es etwas geben soll, was du gelbe Blume nennst, und irgendwelche Wesen, die du Tiere nennst, und daß du auf etwas geschlafen hast, was du Bett nennst, und daß du etwas getrunken hast, was du Wein nennst? Alles Wörter, Wörter, — was sollen wir damit?

URALTER: Man muß es wissen, man kann nicht aufwachsen ohne eine Ahnung von der wirklichen Welt.

ENKEL: Es gibt keine andere Welt außer dieser hier.

URALTER: Außer diesem Käfig, in dem wir leben? Außer diesem ewig rollenden Eisenbahnwagen?

ENKEL: Einen schwachen Wechsel von Hell und Dunkel, sonst nichts.

URALTE: Und dieser schwache Lichtschein, woher kommt er?

ENKEL: Durch die Klappe, durch die man uns das Brot hereinschiebt.

URALTER: Das schimmelige Brot.

ENKEL: Brot ist immer schimmelig.

URALTER: Weil du kein anderes kennst.

URALTE: Nun hör zu, mein Enkel: Wer aber schiebt das Brot herein?

ENKEL: Ich weiß es nicht.

URALTE: Also gibt es doch etwas außer diesem Raum, wo wir sind.

ENKEL: Gewiß: aber es wird nicht besser sein als das hier.

URALTER: Es ist besser.

ENKEL: Wir wissen nichts davon und wollen keine Phantasien darüber hören. Das hier ist unsere Welt, in der leben wir. Sie besteht aus vier Wänden und Dunkelheit und rollt irgendwohin. Ich bin sicher, daß draußen nichts anderes ist als die gleichen dunklen Räume, die sich durch die Finsternis bewegen.

FRAU: Er hat recht.

STIMMEN: Ja, er hat recht.

FRAU: Wir glauben nicht an die Welt, von der ihr immer redet. Ihr habt sie nur geträumt.

URALTER: Haben wir nur geträumt, Alte?

URALTE: Ich weiß nicht.

FRAU: Schaut euch um: keine Spur von eurer Welt.

URALTER: Wenn sie nun recht hätten? Mein Gott, es ist lange her. Vielleicht habe ich wirklich alles geträumt, den blauen Anzug, die Ziege, den Löwenzahn —

URALTE: — und ich weiß das alles nur von dir —

URALTER: Aber wie kamen wir in diesen Wagen? War es nicht vier Uhr nachts, als sie uns aus den Betten holten? Ja, die Standuhr schlug vier.

ENKEL: Jetzt fängst du die Geschichte von vorn an, Großvater.

Das Kind beginnt wieder zu weinen.

FRAU: Was ist, mein Kind?

KIND: Da, schaut doch, da, am Boden!

ENKEL: Ein glühender, glänzender Stab. Aber — man kann ihn nicht anfassen. Er besteht aus nichts.

URALTER: Ein Lichtstrahl. Irgendwo hat sich ein Loch in der Wand gebildet, und ein Sonnenstrahl fällt herein.

FRAU: Ein Sonnenstrahl, was ist das?

URALTER: Glaubt ihr mir jetzt, daß draußen etwas anderes ist als hier?

URALTE: Wenn ein Loch in der Wand ist, müßte man hinausschauen können.

ENKEL: Gut, ich schaue hinaus.

URALTE: Was siehst du?

ENKEL: Ich sehe Dinge, die ich nicht verstehe.

FRAU: Beschreib sie.

ENKEL: Ich weiß nicht, welche Wörter dazu gehören.

FRAU: Warum schaust du nicht weiter hinaus?

ENKEL: Nein, ich habe Angst.

FRAU: Ist es nicht gut, was du siehst?

ENKEL: Es ist fürchterlich.

URALTER: Weil es neu ist.

ENKEL: Wir wollen das Loch verschließen.

URALTER: Wie? Wollt ihr die Welt nicht sehen, wie sie wirklich ist?

ENKEL: Nein, ich habe Angst.

URALTER: Laßt mich hinaussehen.

ENKEL: Sieh hinaus, ob es die Welt ist, von der du immer sprichst.

Pause.

URALTE: Was siehst du?

URALTER: Das ist die Welt draußen. Sie fährt vorbei.

URALTE: Siehst du den Himmel, siehst du Bäume?

URALTER: Ich sehe den Löwenzahn, die Wiesen sind gelb davon. Da sind Berge und Wälder, — mein Gott!

ENKEL: Kannst du das ertragen zu sehen?

URALTER: Aber — *zögernd* — aber etwas ist anders.

FRAU: Warum siehst du nicht mehr hinaus?

URALTER: Die Menschen sind anders.

URALTE: Was ist mit den Menschen?

URALTER: Vielleicht täusche ich mich. Sieh du hinaus!

URALTE: Ja.

Pause.

URALTER: Was siehst du?

URALTE *erschrocken:* Es sind keine Menschen mehr, wie wir
sie kannten.

URALTER: Siehst du es auch?

URALTE: Nein, ich will nicht mehr hinaussehen. *Flüsternd.*
Es sind Riesen, sie sind so groß wie die Bäume. Ich habe
Angst.

URALTER: Wir wollen das Loch verschließen.

ENKEL: Ja, wir wollen es verschließen. So.

FRAU: Gott sei Dank, daß es wieder ist wie vorher.

URALTER: Es ist nicht wie vorher.

URALTE: Der Gedanke an die gelben Blumen macht mich
frösteln.

URALTER: An was können wir jetzt noch denken?

URALTE: Die Erinnerungen machen mir Angst.

ENKEL: Seid still! Merkt ihr nichts?

Pause.

FRAU: Was?

Das Kind fängt wieder an zu weinen.

URALTE: Was hast du, Frieda?

ENKEL: Merkt ihr es nicht? Etwas hat sich verändert.

URALTER: Ja, die Welt draußen.

ENKEL: Nein, hier bei uns.

*Pause, während der man deutlich das Rollen der Räder
hört.*

FRAU: Warum hast du geweint, mein Kind?

KIND: Ich weiß nicht.

ENKEL: Etwas hat sich verändert. Das Kind hat es gemerkt.

URALTE: Ich weiß, was es ist. Spürt ihr es nicht?

FRAU *flüsternd, voll Entsetzen:* Wir fahren schneller.

URALTE: Ja, wir fahren schneller.

Pause.

Das Rollen der Räder beschleunigt sich etwas.

URALTER: Was kann das bedeuten?

FRAU: Ich weiß nicht was, aber bestimmt nichts Gutes.

URALTER: Ihr müßt herausfinden, ob die Geschwindigkeit nun so bleibt.

ENKEL: Oder?

URALTER: Oder ob sie noch größer wird.

URALTE: Horcht!

Pause.

Das Rollen der Räder beschleunigt sich weiter.

URALTER *flüsternd:* Es wird immer schneller.

FRAU: Ja, es wird immer schneller.

Das Rollen der Räder beschleunigt sich und wird lauter.

URALTER: Ich glaube, es geschieht ein Unglück. Hilft uns denn niemand?

ENKEL: Wer?

Das Zuggeräusch schwillt zu höchster Lautstärke an, entfernt sich dann in großer Geschwindigkeit und verklingt immer ferner.

Denke daran, daß der Mensch des Menschen Feind ist
und daß er sinnt auf Vernichtung.
Denke daran immer, denke daran jetzt,
während eines Augenblicks im April,
unter diesem verhangenen Himmel,
während du das Wachstum als ein feines Knistern zu hören
glaubst,
die Mägde Disteln stechen
unter dem Lerchenlied,
auch in diesem Augenblick denke daran!

Während du den Wein schmeckst in den Kellern von
Randersacker
oder Orangen pflückst in den Gärten von Alicante,
während du einschläfst im Hotel Miramar nahe dem Strand
von Taormina,
oder am Allerseelentage eine Kerze entzündest auf dem
Friedhof in Feuchtwangen,
während du als Fischer das Netz aufholst über der
Doggerbank,
oder in Detroit eine Schraube vom Fließband nimmst,
während du Pflanzen setzt in den Reis-Terrassen von
Szetschuan,
auf dem Maultier über die Anden reitest, —
denke daran!

Denke daran, wenn eine Hand dich zärtlich berührt,
denke daran in der Umarmung deiner Frau,
denke daran beim Lachen deines Kindes!

Denke daran, daß nach den großen Zerstörungen
jedermann beweisen wird, daß er unschuldig war.

Denke daran:
Nirgendwo auf der Landkarte liegt Korea und Bikini,
aber in deinem Herzen.
Denke daran, daß du schuld bist an allem Entsetzlichen,
das sich fern von dir abspielt —

Der zweite Traum

Am 5. November 1949 träumte die fünfzigjährige Tochter des Reishändlers Li Wen-Tschu in Tientsin einen Traum, der ohne Zweifel ein schlechtes Licht auf dieses alte Mädchen werfen könnte. Doch versichern ihre Eltern und Geschwister, daß sie eine gutmütige und harmlose Person sei. Vermutlich werden die angenehmen Träume dieser Welt von den Schurken geträumt.

Auf der Straße.

FRAU: Nummer 57 b. Hier ist das Haus.

MANN: Du hättest Tschang-du besser kämmen sollen. Er sieht nicht appetitlich aus. Putz ihm die Nase!
Schneuzen.

KIND: Müssen wir in dieses Haus, Mutter?

FRAU: Ja, Tschang-du.

KIND: Was wollen wir da?

FRAU: Ach, nichts Besonderes.

MANN: Bist du jetzt fertig mit dem Jungen?

FRAU: Ja.

MANN: Dann klingle ich.
Klingeln.

KIND: Das ist eine laute Klingel.

MANN: Hast du keinen Kamm mitgenommen? Seine Haare sind unordentlich.

FRAU: Ach, das ist jetzt gleich.

MANN: Es ist keineswegs gleich.

KIND: Ich kann ja draußen bleiben, Vater.

MANN: Das fehlte gerade noch.

FRAU: Es macht niemand auf.

KIND: Nein, bitte nicht nochmal klingeln!

MANN: Warum nicht?

KIND: Die Klingel ist laut. Ich habe Angst.

MANN: Das ist Unsinn.

FRAU: Ich höre jemanden.

Die Tür wird geöffnet.

MANN: Wir kommen wegen der Anzeige in der Zeitung.

DAME: Wegen der Anzeige, so. Ist das das Kind?

FRAU: Der Wind hat ihm das Haar zerzaust.

DAME: Hm.

MANN: Hoffentlich haben Sie noch Bedarf. Oder kommen
wir zu spät?

DAME: Er sieht bleich aus. Ist er blutarm?

KIND: Komm hier weg, Mutter!

FRAU: Er ist bleich, weil er Angst hat.

DAME: Angst? Wieso? Weiß er etwas?

FRAU: Nein.

DAME: Also kommen Sie herein.

Alle treten ein. Die Tür wird geschlossen.

DAME: Das ist mein Mann. Er ist krank. Hallo, Pi-gu!

HERR *schwach:* Ja?

DAME: Hier sind Leute mit einem Kind.

HERR: Ja.

DAME: Ich schätze, er ist sechs Jahre alt.

FRAU: Genau.

DAME: Sieh ihn dir an, Pi-gu!

HERR: Er soll näher kommen.

MANN: Er heißt Tschang-du.

DAME: Es ist ziemlich gleichgültig, wie er heißt.

KIND *bricht in Weinen aus.*

FRAU: Was ist, Tschang-du?

KIND: Der Herr hat so kalte Finger.

FRAU: Hab dich nicht. Das ist die Krankheit.

KIND: Ich will weg.

MANN: Still jetzt!

KIND *schluchzt leiser.*

HERR: Er ist bleich.

DAME: Das sage ich auch.

MANN: Er ist nicht blutarm.

HERR: Wenn er blutarm ist, kann ich ihn nicht brauchen.

MANN: Ich garantiere Ihnen dafür, daß er nicht blutarm ist.

DAME: Es kommt vor allem auf das Blut an.

FRAU: Freilich, das wissen wir. Es war in der Annonce gesagt.

DAME: Das ist die neue Therapie, verstehen Sie.

FRAU: Eine große Tat der Medizin, ein Segen für die Menschheit.

DAME: Aber ich weiß nicht, ob der kleine Tschang-du geeignet ist.

MANN: Meine Frau hat jedes Jahr ein Kind, manchmal Zwillinge. Sie sind alle für die neue Therapie verwendet worden.

FRAU: Sechs Jahre ist das beste Alter.

MANN: Wir liefern nur gesunde Kinder von erstklassiger Zucht. Hier, — ich habe Referenzen.

DAME: Zeigen Sie! — Aha.

FRAU: Zeig dem Herrn deinen Hals, Tschang-du!

KIND *schluchzend:* Ja.

HERR: Hier ist die Schlagader, An-ling.

DAME: Ja. Aber diesmal kann es das Mädchen machen.

HERR: Versteht sie es?

DAME: Natürlich.

HERR: Ich halte nicht viel von Dienstmädchen. Aber wenn du meinst.

DAME: Die Referenzen sind übrigens vorzüglich.

HERR: Also meinetwegen.

DAME: Wir müßten dann über den Preis sprechen.

MANN: Dreitausend.

DAME: Entschuldigen Sie, aber Sie sind verrückt.

MANN: Soviel bekommt man sonst für Vier- und Fünfjährige. Wir haben die Ausgaben für ihn ein ganzes Jahr lang länger gehabt.

DAME: Zweifünf. Wir können keine Überpreise zahlen.

MANN: Nicht unter dreitausend. Ich habe feste Preise. Außerdem müssen Sie die ideellen Werte mit berechnen.

DAME: Machen Sie sich nicht lächerlich.

FRAU: Komm, Tschang-du, wir gehen.

KIND: Ja, Mutter.

HERR: Halt!

DAME: Was ist, Pi-gu?

HERR: Schreib den Scheck aus.

DAME: Wenn du durchaus willst.

KIND: Komm hier weg, Mutter!

FRAU: Warte!

DAME: Hier ist der Scheck.

MANN: Danke. Sie werden zufrieden sein.

KIND: Gehen wir jetzt?

FRAU: Vater und ich gehen jetzt. Du bleibst ein bißchen hier.

KIND: Ich will nicht hierbleiben.

FRAU: Hab dich nicht. Hier ist es viel schöner als bei uns.

DAME: Wollen Sie die Kleider gleich mitnehmen?

MANN: Wir holen sie morgen ab. Wir würden Sie dann auch um eine Referenz bitten.

DAME: Also gut. Auf Wiedersehen.

FRAU: Auf Wiedersehen.

MANN: Und vielen Dank.

FRAU: Wir kommen gleich wieder, Tschang-du, wir wollen nur was einkaufen.

KIND *schluchzend:* Ja, Mutter.

MANN: Nun komm endlich!

Mann und Frau gehen hinaus.

DAME: Ich sage dem Mädchen Bescheid, daß sie alles vorbereitet.

HERR: Ja, tu das, An-ling, ich habe gräßlichen Hunger.

DAME *sich entfernend:* Li-bai!

HERR: Was siehst du mich so an, Tschang-du?

KIND: Du bist so weiß im Gesicht.

HERR: Nun, das wird sich hoffentlich bald ändern. Du, in der Küche haben wir eine Eisenbahn zum Spielen, eine elektrische.

KIND: Ja?

HERR: Spielst du gern Eisenbahn?

KIND: Ja, furchtbar gern.

HERR: Dann gehst du nachher zu Li-bai in die Küche und spielst da.

KIND: Oh, ja.

Die Schritte der Dame nähern sich.

DAME: Es ist alles fertig.

HERR: Gott sei Dank. Ich bin schon sehr schwach. Der kleine Tschang-du will mit der Eisenbahn spielen.

DAME: Mit der Eisenbahn?

HERR: Ja, in der Küche.

Beide brechen in Gelächter aus.

KIND *beginnt ebenfalls zu lachen.*

DAME: Geh jetzt dort hinein. Dort ist die Küche.

KIND: Ja, Tante.

Er geht.

KIND *entfernt:* Da ist gar keine Eisenbahn.

DAME: Geh jetzt dort hinein. Li-bai, machen Sie die Tür zu.

Die Tür wird geschlossen.

HERR: Meinst du, daß Li-bai das richtig macht?

DAME: Sie hat es in ihrer vorigen Stellung auch schon gemacht.

160

HERR: Mir wäre es lieber gewesen, du hättest es selber gemacht.

DAME: Wozu hätten wir ein Mädchen, wenn ich die Schmutzarbeit selber tun sollte?

HERR: Schließlich hängt meine Gesundheit davon ab.

DAME: Entschuldige Liebling, aber ich bin in letzter Zeit so empfindlich geworden. Als ich neulich die Taube schlachten sollte, fiel ich ihn Ohnmacht.

HERR: Du solltest wenigstens dabei sein und sehen, daß alles richtig gemacht wird.

DAME: Wenn du das Blut getrunken hast, brät dir Li-Bai das Herz und die Leber.

HERR: Verdammt lange dauert das.

Tschang-dus Schreien in der Küche, das während des Folgenden verstummt.

HERR *zornig:* Da! Hörst du! Sie hat ihn nicht richtig betäubt. Und ich muß mir das anhören.

DAME: Nun beruhige dich. Er ist schon still.

Die Tür wird geöffnet. Schritte nähern sich.

DAME: Siehst du, da ist die Schüssel mit dem Blut, es dampft noch. Das wird dir gut tun.

In der Stunde X werde ich dennoch denken, daß die Erde
schön war.
Ich werde an die Freunde denken, an die Güte, die ein häß-
liches Gesicht schön macht,
an die Liebe, die die Augen verzaubert.
Ich werde an den Hund denken, meinen Spielgefährten, als
ich ein Kind war,
an die blauen Lupinen der Samlandküste während eines
Ferienbesuchs,
ich werde noch einmal die langen Schatten der Tannen sehen
auf der Bauernschmied-Alm
und mit Emmy Gruber auf den Gederer gehn,
ich werde mich erinnern an die Vogelzüge über dem Flug-
platz von Märkisch-Friedland,
an den Geruch des Bierkellers im Gasthaus zum Hirschen,
das meinem Großvater gehörte,
an Holunder, Raps und Mohn, flüchtig gesehen von einem
Zugfenster aus,
an das Erröten der vierzehnjährigen Gabriele Dembitza,
an die roten und grünen Lichter eines Flugzeugs, das unter
dem Sternbild der Cassiopeia dahinflog,
an den Tanz unter den Lampions des Quatorze Juillet,
an den Duft von Obst morgens an den Verkaufsständen
vorm Schloß in Celle,
ich werde denken an den Herzschlag der Eidechse, die mich
erblickt hat,
und an ein Gedicht im „Westöstlichen Diwan", das mich
tröstete.

162

Der dritte Traum

Von einer Stunde X, deren es bekanntlich sehr verschiedene geben kann, träumte am 27. April 1950 der Automechaniker Lewis Stone in Freetown, Queensland, Australien. Es darf beruhigend vermerkt werden, daß Stone sich derzeit der besten Gesundheit erfreut und seinen Traum längst vergessen hat.

Singen und Gelächter von Männer-, Frauen- und Kinderstimmen. Als der Lärm einmal nachläßt, hört man die sich nähernde Nachbarin.

NACHBARIN: Hallo! He! Ihr!
  Es wird still.
VATER: Was gibts, Nachbarin?
NACHBARIN *nahe:* Ihr lacht!
MUTTER: Warum sollen wir nicht lachen?
VATER: Wir sind glücklich.
NACHBARIN: Wie könnt ihr das?
VATER: Wir haben fünf Kinder und das tägliche Brot. Habt Ihr Sorgen, Nachbarin?
NACHBARIN: Wißt ihr nicht, daß der Feind kommt?
VATER: Der Feind?
NACHBARIN: Man hat ihn auf der Straße von Sydney her gesehen.

MUTTER: Es muß nicht sein, daß er hierher kommt.

NACHBARIN: Wohin führt die Straße sonst?

MUTTER: Es muß nicht sein, daß er in unser Haus kommt.

NACHBARIN: Nein, vielleicht kommt er in meines, — und deswegen macht mich euer Lachen zornig. *Sich entfernend.* Lebt wohl und verschließt eure Türen. Gute Nacht.

VATER: Das Tor ist verschlossen.

MUTTER: Schau hinaus: Alle Lampen verlöscht.

VATER: Wir wollen unsere auch auslöschen.

MUTTER: Ja.

VATER: So ist es besser.

MUTTER: Wo bist du, Bob, wo bist du, Elsie?

BOB: Hier.

ELSIE: Hier.

VATER: Vielleicht ist es nicht wahr. Wir hätten fragen sollen, wer ihn gesehen hat. Der Feind, — wer erkennt ihn schon!

BOB: Ist jetzt Krieg, Mama?

MUTTER: Es ist immer Krieg.

VATER: Wir werden die Fenster aufmachen, aber die Vorhänge zuziehen.

Sie tun es.

VATER: Wenn wir jetzt den Vorhang ein wenig beiseite tun, können wir hinausschauen.

MUTTER: Es ist finster draußen, nichts zu sehen.

VATER: Es ist Neumond.

MUTTER: Und alles ist ganz still.

ELSIE: Es ist nicht still, Mama. Ich höre etwas.

VATER: Was hörst du?

ELSIE: Ich weiß nicht, was es ist, aber ich höre etwas.

Man hört entfernt ein tappendes Geräusch, als nähere sich ein unförmiges Wesen.

MUTTER: Was ist das?

VATER: Schritte.

MUTTER: So geht doch niemand.

VATER: Still!

Die tappenden Schritte kommen näher.

ELSIE: Es sind Schritte, Mama.

BOB: Es kommt hierher.

Die Schritte kommen dröhnend nahe und halten an.

Das Folgende flüsternd gesprochen.

MUTTER: Jetzt hält er an.

VATER: Ganz nahe an unserm Haus.

MUTTER: Es kann auch woanders sein. Der Schall täuscht.
Sieh hinaus!

VATER: Ich sehe nichts.

Pause.

Nein, ich sehe nichts, aber es ist wie ein grüner Schein in
altem Holz, wie der Schein nachts auf der Uhr.

MUTTER: Still!

BOB: Es bewegt sich.

Man hört drei nachdrückliche Schläge an das Hoftor.

VATER: Er klopft bei uns.

MUTTER: Nein, nicht bei uns.

VATER: Bei uns.

MUTTER *aufschluchzend:* Nein.

VATER: Still! Nicht weinen! Er darf uns nicht hören.

MUTTER: Wir tun, als schliefen wir.

Drei Schläge wie vorher.

BOB: Will er zu uns, Mama?

MUTTER: Ja, er will ins Haus.

BOB: Vielleicht denkt er, es ist niemand da, und er geht woanders hin.

MUTTER: Er geht nirgendwo anders hin als zu uns. Er hat
uns ausgewählt.

ELSIE: Warum gerade uns?

MUTTER: Ach Kind, — vielleicht weil wir glücklich waren.

ELSIE: Mag er das nicht?

VATER: Sprecht nicht so laut!

165

MUTTER: Was werden wir tun?

Die Schläge wie vorher.

VATER: Wir gehen durch den Hinterausgang hinaus. Schnell!

MUTTER: Wir müssen etwas mitnehmen, Kleidung, Essen.

VATER: Nichts! Du weißt, daß wir nichts mitnehmen dürfen. Er merkt es.

Das Tor wird mit dumpfen Schlägen eingeschlagen.

VATER: Er schlägt das Tor ein. Schnell fort!

MUTTER: Kommt, Kinder!

VATER: Hier hindurch!

MUTTER: Seid ihr da? Bob, Elsie, Cathy, Fred!

KINDER: Hier, hier!

Die Stimmen entfernen sich währenddessen.

Nachdem das Tor eingefallen ist, nähern sich die mächtig stapfenden Schritte und halten an. — Stille.

Das Folgende im Freien.

BOB: Wohin gehen wir, Mama?

MUTTER: Ich weiß es nicht.

VATER: Die Nachbarin wird uns aufnehmen. *Er ruft flüsternd.* Hallo, Nachbarin!

NACHBARIN: Kommt nur herein. Ich dachte mir schon, daß ihr kommt.

Während des Folgenden geht das Geräusch in einen geschlossenen Raum über, — die Flüchtlinge treten ins Haus.

NACHBARIN: Aber ich habe nicht soviel Betten. Ihr müßt auf dem Boden schlafen.

VATER: Das macht nichts.

MUTTER: Kann man von Euch aus sehen, was er drüben tut?

NACHBARIN: Er hat alle Lichter angezündet und scheint etwas zu suchen.

VATER: Wir haben nichts mitgenommen.

NACHBARIN: Natürlich nicht.

ELSIE *leise:* Du, Bob!

BOB *ebenso:* Was?

ELSIE: Ich habe was mitgenommen. Meine Puppe.

BOB: Sei still, sag nichts.

MUTTER: Daß er gerade uns gewählt hat!

NACHBARIN: Das sind die Auszeichnungen, nach denen man nicht verlangt.

VATER: Ob wohl jemand schläft heute?

NACHBARIN: Niemand.

VATER: Oder alle, bei denen er nicht geklopft hat.

MUTTER: Es wird schon langsam hell.

NACHBARIN: Morgen wird alles seinen gewohnten Gang gehen.

VATER: Außer bei uns.

NACHBARIN: Habt ihr wirklich nichts mitgenommen?

MUTTER: Nichts. Es war ja auch dunkel, wir hätten nichts finden können.

NACHBARIN: Er sucht immer noch.

MUTTER: Wie sieht er aus?

NACHBARIN: Ein kleiner Mann, gar nichts Besonderes.

MUTTER: Sein Gesicht?

NACHBARIN: Ich habe es noch nicht gesehen.

VATER: Laßt mich auch hinüberschauen.

NACHBARIN: Er kommt ans Fenster. Er sieht hinaus.

VATER: Ich sehe sein Gesicht. Er hat Augen, als wäre er blind.

NACHBARIN: Er sieht hier herüber. Geht vom Fenster weg!

VATER: Ich sehe, daß er blind ist, und dennoch machen mich seine Augen fürchten.

NACHBARIN: Er schaut immer hier herüber. Er hat mich gesehen. Vielleicht muß ich ihn begrüßen? *Sie ruft hinaus.* Guten Morgen, Herr Nachbar! *Stille.*

NACHBARIN: Er antwortet nicht. Es fröstelt mich. Er schaut unverwandt herüber.

VATER: Er ist blind.

MUTTER: Herr Nachbar habt Ihr gesagt.

VATER: Ihr habt Euch schnell umgestellt.

NACHBARIN: Er schaut unverwandt herüber.

VATER: Ihr habt uns schon abgeschrieben, nicht wahr?

NACHBARIN *ruft:* Ich begrüße Euch, Herr Nachbar.
Stille.

VATER: Er antwortet nicht. Vielleicht ist er auch taub und stumm.

NACHBARIN: Er schaut unverwandt hierher. Ihr müßt fort.

MUTTER: Fort? Warum?

VATER: Wohin?

NACHBARIN: Ihr müßt fort. Er will nicht, daß Ihr hier seid.

MUTTER: Seid nicht hartherzig, Nachbarin. Seht, das Kleine ist eben eingeschlafen.

NACHBARIN: Fort, schnell fort!

VATER: Kommt, wir gehen in ein anderes Haus.

MUTTER: Kommt, Kinder!
Ihre Stimmen entfernen sich.

VATER: Bob, Elsie, Bill, Cathy, Fred!

KINDER: Hier. Ich bin müde. Hier.

NACHBARIN *allein:* Jetzt sieht er nicht mehr herüber. Oh, ich weiß genau, daß er nicht blind ist. Er sieht besser als wir alle.
Pause.

Das Folgende im Freien.

VATER: Kommt, wir läuten hier. Der Bürgermeister war immer unser Freund. Er muß uns eine andere Wohnung geben.
Klingel.
Ein Fenster wird geöffnet.

BÜRGERMEISTER: Was woll ihr?

VATER: Ihr wißt es, Bürgermeister. Wir mußten unser Haus verlassen.

BÜRGERMEISTER: Geht weiter, ihr gehört nicht mehr zu uns.

VATER: Aber –

BÜRGERMEISTER: Nichts aber. Ihr habt kein Haus mehr in Freetown. Und ihr seid Diebe.

MUTTER: Diebe?

BÜRGERMEISTER: Trägt Elsie nicht ihre Puppe auf dem Arm?

MUTTER: Die Puppe? Mein Gott, Elsie, hast du die Puppe mitgenommen? Warum hast du das getan?

ELSIE: Weil ich sie lieb habe.

VATER: Wir müssen sie zurückbringen.

BÜRGERMEISTER: Zu spät. Ihr habt euch ins Unrecht gesetzt, und wir sind alle froh, daß ihr das getan habt. Ich bin euer Freund, ich rate euch, geht fort, ehe ihr verhaftet werdet. Kein Wort mehr!

Er schlägt das Fenster zu.

VATER: Kommt, wir müssen weiter.

ELSIE: Darf ich die Puppe mitnehmen?

MUTTER: Nimm sie mit, mein Kind.

VATER: Das dürfen wir nicht.

MUTTER: Weil sie sie lieb hat.

VATER: Nun gut, weil sie sie lieb hat.

MUTTER: Wohin?

VATER: Vielleicht nimmt uns ein anderer auf.

MUTTER: Niemand nimmt uns auf.

VATER: Hallo, Nachbar!

STIMME: Zum Teufel, ich bin nicht dein Nachbar. Schert euch fort, landfremdes Gesindel!

VATER: Sind wir nicht alle hier geboren?

STIMME: Fort, fort! Denkt ihr, wir wollen uns euretwegen die Finger verbrennen?

VATER: Kommt!

MUTTER: Wir brauchen niemanden mehr zu fragen. Sie stehen alle hinter den Gardinen und sehen uns nach. Niemand ruft uns herein. Alle sind froh, wenn wir gehen.

VATER: Sie haben alle Angst. Man darf es ihnen nicht übelnehmen.

MUTTER: Nein, sie sind alle ebenso armselig wie wir.

VATER: Wir haben unsere Kinder.

MUTTER: Und Elsie ihre Puppe.

ELSIE: Ja, meine Puppe.

VATER: Jetzt hören die Häuser auf. Gott sei Dank, wir kommen ins Freie. Es ist ganz hell.

MUTTER: Und wohin gehen wir?

VATER: Ja, wohin?

Es gibt Wegweiser an den Straßen,
leicht erkennbare Flußläufe,
Aussichtsgerüste an erhöhten Punkten,
Landkarten, auf denen die Seen blau eingezeichnet sind
und die Wälder grün,
— es ist leicht, sich zurechtzufinden auf der Erde.

Aber du, der du neben mir gehst, wie verborgen
ist mir die Landschaft deines Herzens!
Tappend im Nebel überkommt mich oft Furcht
vorm Dickicht und vorm verborgenen Abgrund.
Ich weiß, du willst nicht, daß man deine Gedanken durch-
                                                    wandre,
irreführen soll das Echo deiner Worte,
— Straßen, die kein Ziel haben,
ein Gebiet ohne Ausweg, verfallne Markierung.

Jedes Jahrhundert gibt uns neue Dinge zu verbergen,
ein Gelände, überwachsen dem neugierigen Auge der Liebe,
zugedeckt von Einsamkeit, dem immer dichteren Laub.

Am 29. Dezember 1947 lag der Kartenzeichner Iwan Iwanowitsch Boleslawski krank in seiner Wohnung in Moskau. Er hatte eine fiebrige Grippe und schlief seit zwei Tagen mit kurzen Unterbrechungen. Er träumte viel, meist von Ländern, die er nie gesehen hatte. Es ist natürlich möglich, daß er sie während der restlichen Jahre seines Lebens noch zu sehen bekommt.

Im Freien.

ANTON: Mit unsern Trägern haben wir es gut getroffen, was meinst du?

WASSILIJ: Fünfzig Pfund ohne Murren.

ANTON: Durch den Urwald, acht bis zehn Stunden.

WASSILIJ: Treu und nicht teuer.

ANTON: Aber der Koch? Wassilij, wie werden wir den Koch wieder los?

WASSILIJ: Der Koch wäre schon recht, man brauchte nur sein Grinsen abzuschießen.

KOCH: Das Essen ist fertig.

ANTON: Konservenfleisch.

WASSILIJ: Und das? Frisches Gemüse?

KOCH: Wächst hier überall. Sehr gut.

ANTON: Sieht aus wie Porree.

WASSILIJ: Und schmeckt wie Steinpilz.
ANTON: Aber gut.
KOCH: Sehr gut.
WASSILIJ: Wo hast du kochen gelernt, Kongo?
KOCH: Nie gelernt. Alles sieht aus wie Porree, schmeckt wie Steinpilz.
WASSILIJ: Das sind Aussichten.

Etwas entfernt beginnt eine Signaltrommel, der im weiteren Umkreis andere folgen.

ANTON: Trommeln, schon wieder.
KOCH: Weil ihr jetzt eßt, weiße Herren.
ANTON: Weil wir jetzt essen, hörst du das, Wassilij. Sie trommeln jedes Augenzwinkern weiter.
WASSILIJ: Die ersten paar Tage sind wir interessant. Das legt sich.
ANTON: Hoffentlich. Und warum hocken alle um uns herum? *In anderm Ton:* Und ihr? Habt ihr gegessen?
KOCH: Schon gegessen. Alle.
WASSILIJ: Porree? Steinpilz?
Der Koch kichert.
ANTON: Ich möchte nicht interessant sein. Dreiundzwanzig Träger, ein Aufseher, ein Koch, macht fünfzig Augen, die einen anstarren. *Wütend:* He, ihr!
KOCH: Noch Gemüse?
WASSILIJ: Genug. Gut und sättigend.
ANTON: Und jeder Bissen weitergemeldet. Das würzt.
WASSILIJ: Da wäre mir Essig lieber. Komm, gehn wir ins Zelt.
ANTON: Ja, eine Pfeife rauchen, die im nächsten Dorf nicht bekannt wird.

Im Zelt.
Das Trommeln, etwas entfernter, dauert an.

173

ANTON: Zelte aufbauen, Zelte abbrechen, lohnt sich das für eine Pfeifenlänge?

WASSILIJ: Ja, Zeit sollten wir haben, lang wie ein Feldbett. Und wieso haben wir keine? Warum bleiben wir nicht hier, wo wir in den Schlaf getrommelt werden, unter einem Segeltuch, das man leicht zunähen könnte, wo wir, wo wir, wo wir —

ANTON: Was?

WASSILIJ: Ich habe vergessen, was ich sagen wollte.

Anton lacht.

WASSILIJ: Was tun wir hier, Anton? Wohin wollen wir?

ANTON *erheitert:* Hast du das auch vergessen?

WASSILIJ: Völlig vergessen.

ANTON: Das soll ein Scherz sein, nicht wahr?

WASSILIJ: Ich frage dich, Anton, weil ich nicht mehr weiß, weshalb wir hier sind.

ANTON *bestürzt:* Du weißt nicht, weshalb wir hier sind?

WASSILIJ: Nein, kein Grund zur Aufregung. Es ist bloß die Hitze. Eine Gedächtnisstörung. *Er lacht.* Es ist eher zum Lachen.

ANTON: Oder auch nicht zum Lachen.

WASSILIJ: Eine ganz kleine Lücke, eine kurze Blutleere im Gehirn, das geht vorüber. Wenn du mir nachhelfen könntest?

ANTON: Freilich.

WASSILIJ: Wenn du mir sagtest, wohin wir wollen.

ANTON *verwirrt:* Wohin wir wollen?

WASSILIJ: Woher, wohin, wozu.

ANTON *nach kurzer Pause:* Eben wußte ich es noch.

WASSILIJ: Eben wußtest du es noch?

ANTON: Ja.

WASSILIJ: Und weißt es nicht mehr? Du auch nicht?

ANTON: Deine Vergeßlichkeit ist ansteckend.

WASSILIJ: Oder es liegt an der Hitze, die für uns beide gleich ist.

ANTON: Ja, die gleiche Hitze, das gleiche Zelt und der gleiche Tabak.

WASSILIJ: Und das gleiche Gedächtnis. *Krampfhaft:* Na, keine Sorge, es kommt wieder. Was meinst du?

ANTON: Einiges wissen wir. Zelt, Trommeln, Urwald.

WASSILIJ: Das hilft uns weiter. Es kommt auf die logischen Schlüsse an.

ANTON: Eine Expedition offensichtlich.

WASSILIJ: Ja, eine Expedition. Woher, wohin, wozu.

ANTON: Die Fragen stehen fest.

WASSILIJ: Das beruhigt auch. Afrika ist es in jedem Fall.

ANTON: Da nun aber alle Expeditionen das gleiche Ziel haben —

WASSILIJ: Alle? Bist du sicher?

ANTON: Alle Expeditionen suchen das Glück.

WASSILIJ: Bezweifle ich. Jedenfalls ist es kein logischer Schluß.

ANTON: Es gibt kein andres Ziel. Denke nach!

WASSILIJ: Ich hatte an Meteorologie gedacht.

ANTON: Längst überholt.

WASSILIJ: Ach so.

ANTON: Ergibt sich aus Zelt, Trommel und Urwald.

WASSILIJ: Glück. Aber in welcher Gestalt?

ANTON: Das eben fragen wir mit unserer Expedition.

WASSILIJ: Und gerade hier!

ANTON: Warum nicht hier?

WASSILIJ *entschieden:* Nein, ich glaube das alles nicht.

ANTON: Wir wollen uns nicht streiten. Wir haben ja Tagebücher, Aufzeichnungen. Wir brauchen kein Gedächtnis.

WASSILIJ: Schwarz auf weiß, du wirst sehen, daß ich recht habe.

ANTON: Eine wasserdichte Mappe im Gepäck drei.

WASSILIJ: Gut, daß du es noch weißt.

ANTON: Sehen wir lieber gleich nach.

Im Freien.

WASSILIJ: Kongo allein? Wo sind die andern?

KOCH: Alle fort.

ANTON: Fort? Was soll das heißen?

KOCH: Fort, davon, left, parti.

WASSILIJ: Und unser Gepäck?

KOCH: Auch fort.

ANTON: Die wasserdichte Mappe im Gepäck drei?

KOCH: Left, parti.

ANTON: Gestohlen. Wir machen dich verantwortlich, Kongo.

WASSILIJ: Und wie macht man ihn verantwortlich?

ANTON: Unsere Instrumente, unsere Lebensmittel! Wir müssen ihnen nach.

WASSILIJ: Ohne Waffen? Du, wir haben wenig Aussichten. *Er gähnt.* Am besten, wir bleiben hier. Wir haben noch das Zelt und zwei Feldbetten.

ANTON: Und den Urwald und die Trommeln.

WASSILIJ: Was ergibt sich daraus? *Er lacht.* Es kommt auf die logischen Schlüsse an.

ANTON: Und du? Warum bist du geblieben?

KOCH: Der Abwasch, weiße Herren.

ANTON: Du machst dich lustig, Halunke.

KOCH: Pflicht, devoir, duty. Alles befehlen die Trommeln.

WASSILIJ: Die Trommeln? Hör zu, Kongo, du bist kein Halunke, du bist ein ehrlicher, du bist ein treuer Mensch, du bist unser Freund.

KOCH *unentschlossen:* Kann nicht bleiben.

WASSILIJ: Du wirst uns alles erzählen, Freund Kongo, nicht wahr? Was trommeln sie jetzt?

KOCH: Daß ich gehen soll.

WASSILIJ: Aber sie verbieten dir nicht, uns alles zu erzählen.

KOCH: Nein. Erinnert euch an das Essen!

ANTON: Büchsenfleisch und Gemüse.

KOCH: Das Gemüse war es.

ANTON: Es schmeckte gut.

KOCH: Eine Wurzel, wächst hier viel. Wer sie ißt, verliert das Gedächtnis.

ANTON: Ich erinnere mich genau an den Geschmack.

KOCH: Wie Steinpilz. Ihr werdet es vergessen.

WASSILIJ: Weiter! Ein Mittel dagegen?

KOCH: Weiß nicht.

WASSILIJ: Was habt ihr mit uns vor?

KOCH: Nichts. Es ergibt sich.

WASSILIJ: Es ergibt sich? Bitte etwas deutlicher.

KOCH: Wenn ihr am Leben bleibt, ist es gut, wenn nicht, ist es auch gut.

WASSILIJ: Sehr freundlich.

Das Trommeln hört auf.

KOCH: Lebt wohl, weiße Herren.

WASSILIJ: Treu und nicht teuer. *Er lacht.*

ANTON: Und fragte ich dich nicht, wie wir den Koch wieder loswerden? Was folgt daraus?

WASSILIJ: Ganz logisch: Daß es nicht schwer war, ihn loszuwerden.

ANTON: Daß wir uns immer noch sehr gut erinnern. Wir haben also nicht das Gedächtnis verloren.

WASSILIJ: Siehst du, es ist alles halb so schlimm. Wie heißt du?

ANTON: Heißen?

WASSILIJ: Ja, wie du heißt.

ANTON: Ich weiß nicht.

WASSILIJ: Ich werde dich Eins nennen und mich selber Zwei.

ANTON: Ja, das ergibt sich.

WASSILIJ: Mir ist so wohl, ganz leer, ganz ohne Mühe.

ANTON: Fähig für jedes Leben, man braucht sich nur zu entscheiden und die Geburt kommt in Gang. Ein Glücksgefühl, alles noch vor der Gestalt, Kokon oder Dolde, es gibt so viele Möglichkeiten.

WASSILIJ: Herrlich. Eine Expedition, die Erfolg hat.

ANTON: Wo sind wir?

WASSILIJ: Wo sollen wir sein: Wo wir immer waren.

ANTON: Waren wir nicht früher woanders?

WASSILIJ: Unsinn, wir waren immer hier. Das ist unser Haus.

ANTON: Haus? Haus? Heißt es nicht Zelt?

WASSILIJ: Gehört zu Afrika und wasserdicht, – alles Wörter, die ihren Sinn verlieren. Endlich.

ANTON: Aber das ist nicht unser Haus. Wir müssen fort.

WASSILIJ: Wir bleiben, heute, morgen, über, über, über. Wohin sollten wir?

ANTON: Unser Ziel ist das Glück.

WASSILIJ *verächtlich:* Ziel, Glück, Afrika, wasserdicht. Das Glück ist hier.

ANTON: Nein, anderswo. Ich gehe es suchen.

WASSILIJ: Du Narr!

ANTON: Leb wohl!

WASSILIJ: Ich kann dich auch nicht halten.

ANTON *entfernter:* Hier geht es durch das Gestrüpp.

WASSILIJ *zuerst laut, dann zum Sprechton absinkend:* Ja, immer quer durch, zwischen Porree und Willensfreiheit, da liegt es dann irgendwo, das Kuckucksei. Narr, elender Narr! *Er gähnt.* Schlafen ist das Glück, Glück, Glück. *Pause.* Aber irgendwas fehlt noch, irgendwas war früher anders.

Die Trommeln beginnen leise und werden stärker.

WASSILIJ: Ja, das ist es. Jetzt fehlt mir nichts mehr.

Die Trommeln in voller Lautstärke.

Die Griechen glaubten, die Sonne auf ihrer Fahrt über den Himmel riebe sich an ihrer Bahn und erzeuge so einen Ton, der unaufhörlich und ewig gleichbleibend und deshalb für unser Ohr nicht vernehmbar sei.

Wie viele solcher unhörbarer Laute leben um uns? Eines Tages werden sie zu vernehmen sein und unser Ohr mit Entsetzen erfüllen...

... Frau Lucy Harrison, Richmond Avenue, New York, vernahm sie am 31. August 1950, als sie am Nachmittag über dem Ausbessern eines zerrissenen Rocksaumes eingeschlafen war.

TOCHTER: Das ist das Wohnzimmer. Hier ist es am schönsten.

MUTTER: Dieser herrliche Blick! Der Fluß mit den Dampfern, der Park drüben, die Hochhäuser, — mein Gott, ist das schön.

TOCHTER: Ich freue mich so, Mama, daß du zu Besuch gekommen bist!

MUTTER: Ich mußte endlich eure Wohnung sehen. Will mich ein bißchen freuen an eurem Glück. Das macht mich wieder jung, so jung wie damals, als ich selber in den Flitterwochen war.

TOCHTER: Meine goldige Mama!

MUTTER: Kind, hast du ein Glück! So eine gute Stellung, wie Bill sie hat, nicht wahr!

TOCHTER: Ja, Bill verdient gut.

MUTTER: Und er verwöhnt dich, das sieht man. Diese gemütliche Sofaecke, der Plattenspieler, — spielst du manchmal noch Klavier?

TOCHTER: Ach, Mama, ich muß dir gestehen, ich bin schrecklich faul, seitdem wir den Fernsehempfänger haben, das Radio und den Plattenspieler.

MUTTER: Das ist egal. Eine Virtuosin wärst du nicht geworden. Aber du spieltest ganz hübsch „Where is my rose of Waikiki?". Wann kommt Bill aus dem Büro?

TOCHTER: Ungefähr um fünf.

MUTTER: Dann haben wir noch Zeit. *Mit erleichtertem Seufzen.* Ich setze mich hier ein bißchen hin. Mein Gott, ist das schön bei euch! Die Tischdecke ist apart.

TOCHTER: Bill hat sie mir neulich mitgebracht.

MUTTER: Neulich? Bei welcher Gelegenheit?

TOCHTER: Nur so, — um mir eine Freude zu machen.

MUTTER: Du hast einen guten Mann. *Plötzlich.* Sei mal still!

TOCHTER: Was denn?

MUTTER: Was ist das für ein Geräusch?
Pause, während der man ein leises, aber stetiges und eindringliches schabendes Geräusch vernimmt.

TOCHTER: Ach, das ist weiter nichts, das ist der Lift.

MUTTER: Ach so.

TOCHTER: Hast du Hunger, Mama, oder willst du was trinken?

MUTTER: Nein, bleib da, ich habe im Zug gegessen. Komm, setz dich neben mich.

TOCHTER: Soll ich das Radio einschalten?

MUTTER: Gar nichts sollst du, nur dich anschauen lassen. Ja, du siehst gut aus, — man sieht, daß du glücklich bist.

TOCHTER: Ach, Mama —

MUTTER: Na, was ist das? Tränen?

TOCHTER: Nur weil ich mich freue.

MUTTER: Lucy, mein kleines Mädchen.

TOCHTER: So, jetzt ist es schon wieder gut.

MUTTER: Euer Lift geht ja dauernd.

TOCHTER: Ja, es ist ein großes Haus mit vielen Wohnungen.

MUTTER: Das ist aber wirklich ein merkwürdiger Lift.

TOCHTER: Wieso merkwürdig?

MUTTER: Ich meine, das Geräusch ist merkwürdig.
Pause.

Man hört das Geräusch wie vorher.

TOCHTER *mit erzwungenem Lachen:* Ach was, jetzt stelle ich das Radio an — der Lift scheint dich ganz nervös zu machen. *Sie schaltet das Radio ein.* Und jetzt gehe ich und mache eine Tasse Tee. Keine Widerrede! Ich muß sowieso in die Küche, für Bill das Essen richten.

MUTTER: Wenn es durchaus sein muß.

Musik aus dem Radio.

MUTTER *rufend:* Lucy, hörst du?

TOCHTER *entfernt:* Was, Mama?

MUTTER: Where is my rose of Waikiki!

TOCHTER *entfernt:* Na also, deine Lieblingsmelodie.

Die Mutter summt das Lied ein paar Takte lang mit, bricht plötzlich ab.

MUTTER: Man hört den Lift sogar, wenn das Radio geht. Ich muß einmal nachsehen.

Sie geht hinaus.

TOCHTER *entfernt:* Was ist, Mama?

MUTTER *entfernt:* Ich will sehen, was mit dem Lift ist.

TOCHTER: Laß doch, Mama!

MUTTER *entfernt:* Der Lift geht gar nicht. Er steht still. Und man hört das Geräusch trotzdem.

TOCHTER *gepreßt:* Dann ist es irgendein anderes Geräusch. Sei nicht nervös.

MUTTER: Merkwürdig ist das schon.

TOCHTER: Komm, geh ins Zimmer und hör auf die Musik.

MUTTER: Du hast recht. Es ist albern, allzu feine Ohren zu haben.

Die Musik im Radio endet. Man hört den Ansager.

ANSAGER: Sie hörten: Where is my rose of Waikiki. Damit ist unser Schallplattenkonzert beendet. Sie hören anschließend einen Vortrag.

MUTTER *vor sich hin:* Vortrag! Was Besseres wißt ihr wohl nicht?

ANSAGER: Die genaue Zeit: Mit dem Gongschlag 17 Uhr.
Gong.
Es spricht jetzt Professor Wilkinson über das Thema „Die Termiten".

PROFESSOR: Es lebt sich nicht angenehm, wo es Termiten gibt. Diese Insekten zernagen in unersättlichem Hunger schlechthin alles, und der Mensch ist machtlos gegen sie. Ihre Freßmethode ist um so unangenehmer, als man für gewöhnlich erst dann etwas von ihrer zerstörenden Tätigkeit bemerkt, wenn es zu spät ist. Die Termiten haben die Gewohnheit, alle Gegenstände von innen her auszuhöhlen und eine dünne Außenwand wie eine Haut stehen zu lassen, die freilich dann eines Tages wie Staub zerfällt. Da kann es geschehen, daß man sich abends in seinem Haus zur Ruhe legt, und am Morgen erwacht man im Freien, weil das Haus über Nacht zu Staub zerfallen ist.

MUTTER: Hörst du das, Lucy? *Lachend.* Die Termiten zerfressen das Haus, und man erwacht im Freien.

TOCHTER *sich nähernd:* Schalte das aus, Mama!
Das Radio wird ausgeschaltet.

MUTTER: Das war doch interessant.

TOCHTER *verzweifelt:* Nein, nein!

MUTTER: Was hast du, Lucy? Du bist ja ganz bleich.

TOCHTER: Ach nichts.
Pause.

MUTTER *bestimmt:* Lucy, — du hast vorhin nicht aus Freude geweint.

TOCHTER: Unsinn, Mama.
Pause, in der man das Geräusch verstärkt hört.

MUTTER: Das sind die Termiten, die man hört.

TOCHTER: Termiten fressen keinen Beton.

MUTTER: Du willst es nicht zugeben. Lucy, mein Kind, nicht wahr, ich habe recht?

TOCHTER: Ja, Mama.

Pause wie vorher.

MUTTER: Ich verstehe euch nicht. Warum zieht ihr nicht aus?

TOCHTER: Es hat keinen Zweck.

MUTTER: Aber Lucy!

TOCHTER: Sie sind überall.

MUTTER: Wie meinst du das?

TOCHTER: Hast du noch nicht bemerkt, daß das gleiche Geräusch überall zu hören ist? In New York wie in Kalifornien, in Mexiko und Kanada.

MUTTER: In Albanville gibt es keine Termiten, verlaß dich darauf. Mein Haus ist sicher.

TOCHTER: Verlaß dich darauf: Sie nagen in deinem Hause ebenso wie hier.

MUTTER: Das hätte schon jemand bemerkt. So ein Unsinn.

TOCHTER: Wenn du es erst einmal gehört hast, hörst du es überall, in den Wohnungen und in der Untergrundbahn, in den Bäumen und im Getreide. Ich glaube, sie nagen auch unter der Erde. Der Boden, auf dem wir stehen, ist noch eine dünne Haut, alles hat nur noch eine dünne Haut und ist innen hohl.

MUTTER: Nein, so weit kann es noch nicht sein. Das ist eine Einbildung, Lucy.

TOCHTER: Eine starke Erschütterung und alles fällt ein. Es hat lange kein Gewitter gegeben.

MUTTER: Und du meinst, ein Gewitter —?

TOCHTER: Ja.

MUTTER *mit dem krampfhaften Versuch zu lachen:* Mir kam es schon den ganzen Tag schwül vor. Mach das Fenster auf, Lucy!

TOCHTER: Ja, Mama.

Sie öffnet das Fenster.

MUTTER: Nein, es ist nicht schwül draußen. Frische Luft, Gott sei Dank. Jetzt kann man doch wieder vernünftig denken. Also Lucy, es ist klar, ihr bleibt nicht hier. Ihr kommt mit nach Albanville, dann werden wir weiter sehen. Gleich wenn Bill kommt, werde ich mit ihm sprechen. Warum kommt er nicht? Es ist längst fünf.

TOCHTER: Vielleicht ist es noch nicht fünf.

MUTTER: Ich stelle das Radio an, ich will genaue Zeit haben. *Sie schaltet das Radio ein.* Wo genaue Zeit ist, ist Ordnung. Wo Ordnung ist, gibt es keine Geheimnisse. *Das Radio läuft langsam an.*

TOCHTER: Er spricht immer noch über die Termiten.

PROFESSOR: So sagt ein Sprichwort der Ewe in Zentralafrika: „Die Termite zernagt Dinge, zernagt Gottes Dinge, aber sie zernagt nicht Gott."

MUTTER: Ist das der Schluß?

TOCHTER: Wahrscheinlich.

ANSAGER: Sie hörten einen Vortrag von Professor Wilkinson. Wir geben Ihnen jetzt die genaue Zeit. Mit dem Gongschlag ist es 17 Uhr 30. *Gong.*

MUTTER: Halb sechs. Wo bleibt Bill?

TOCHTER: Vielleicht ist auf einer anderen Station ein bißchen Musik. *Sie dreht am Radioapparat. Man hört verschiedene Stimmen und Musiken, bis eine Tanzmusik leise eingeschaltet bleibt.*

MUTTER *gähnend:* Wenn ich wüßte, daß er noch lange ausbleibt, würde ich mich ein bißchen hinlegen. Ich bin auf einmal schrecklich müde.

TOCHTER: Natürlich, Mama, streck dich ein bißchen auf der Couch aus!

MUTTER: Die lange Fahrt und die Aufregung jetzt, — mir ist ganz komisch.

TOCHTER: Ja, schlaf ein bißchen. Ich mache das Essen weiter.

MUTTER: Die Musik ist gut, richtig einschläfernd. Dann hört man auch dieses schreckliche Geräusch nicht so laut.

Pause, in der man die Musik hört.

Es klingelt.
Das Radio klingt ganz entfernt, als jetzt — nahe — die Tür geöffnet wird.

TOCHTER: Bill!

BILL: Tag, Lucy.

TOCHTER: Was ist denn! Warum bleibst du im Treppenhaus stehen?

BILL: Geh in die Küche, Lucy!

TOCHTER: Keinen Kuß, Bill?

BILL: Nein, keinen Kuß heute. Faß mich nicht an. Ich bin betrunken. Laß mich vorbei, aber faß mich nicht an.

TOCHTER: Du bist gar nicht betrunken, Bill. Ach, was hast du nur? Es ist alles schon so schrecklich.

BILL: Komm herein.

Die Tür wird geschlossen.

TOCHTER: Mama ist zu Besuch gekommen.

BILL: Wo ist sie?

TOCHTER: Hier im Zimmer —

Die Tür wird geöffnet, die Radiomusik klingt näher.

Sie schläft, sie ist müde von der Reise. Hast du Hunger?

BILL: Nein.

TOCHTER: Das Essen ist gleich fertig. Es gibt Kalbsleber.

BILL: Ich will nichts.

TOCHTER: Dein Lieblingsgericht!

BILL: Ich habe keinen Hunger. Mama scheint sehr fest zu schlafen.

TOCHTER: Ich mache das Essen fertig, und dann wecken wir sie.

BILL: Ach, laß das Essen! Bleib einen Augenblick hier!

TOCHTER: Ja.

BILL: Du bist so schön, Lucy? Mein Gott, wie ich dich liebe!

TOCHTER: *glücklich:* Ach Bill —

BILL: Nein, bleib, faß mich nicht an. Ach Lucy, ich könnte

186

heulen, weil du so schön bist. Vielleicht bist du gar nicht besonders schön, aber ich liebe alles an dir. Ich werde dich nie mehr küssen, Lucy.

TOCHTER: Bill!

BILL: Bleib auf deinem Stuhl sitzen! Sag mal, ist Mama plötzlich müde geworden? Ich meine: Hat man ihr vorher gar nicht angemerkt, daß sie müde war?

TOCHTER: Sie sagte auf einmal, sie wollte sich hinlegen. Ich sollte sie wecken, wenn du kommst. Ich wecke sie jetzt.

BILL: Du kannst sie nicht mehr wecken. Sie ist tot.

TOCHTER *schreit auf:* Bill! Was sagst du!

BILL: Bleib sitzen! Rühr sie nicht an! Komm, sei vernünftig, ich habe nicht viel Zeit zu reden. Ich bin nämlich auch verdammt müde.

Knackendes Geräusch im Radio.

BILL: Es kommt ein Gewitter. Man hört es im Radio.

TOCHTER: Ich will fort, Bill, ich will fort.

BILL: Wohin denn? — Stell das Radio ab, — das Knarren ist ekelhaft.

Das Radio wird ausgeschaltet.

Man hört das Geräusch der nagenden Termiten.

BILL: Hörst du es?

TOCHTER *flüsternd:* Ich höre es. Ich will fort, Bill.

BILL: Oh, bleib, bleib, Lucy, — laß mich nicht allein sterben.

TOCHTER: Wir wollen nicht sterben, wir wollen leben.

BILL: Ich werde sterben genau wie Mama.

TOCHTER: Nein.

BILL: Sie ist nicht mehr als eine dünne Haut, die zerfällt, wenn du sie anrührst.

TOCHTER: Aber du, — du doch nicht!

BILL: Ich auch. Ich merkte es unterwegs. Ich sah gerade auf die Uhr, es was 17 Uhr 30, da merkte ich es. Jetzt sitzen sie mir am Herzen. Es tut nicht weh, aber ich bin ganz ausgehöhlt. Wenn du mich anfaßt, zerfalle ich.

TOCHTER: Bill!

BILL: Nein, rühr mich nicht an. Ich bin grenzenlos müde. Es war schön bei dir, es war schön, mit dir zu leben.

TOCHTER: Bill!

Entfernter Donner.

BILL: Das Gewitter kommt näher. Das Haus wird zerfallen unter dem Donner.

TOCHTER: Aber du, — du doch nicht.

BILL: Ich auch, Mama auch. Ach Lucy, Lucy, — gute Nacht, Liebste, — gute Nacht, liebste, liebste Lucy!

Tochter schreit auf, während ein lauter, lang hinrollender Donner zu vernehmen ist.

Wacht auf, denn eure Träume sind schlecht!
Bleibt wach, weil das Entsetzliche näher kommt.

Auch zu dir kommt es, der weit entfernt wohnt von den
                                    Stätten, wo Blut vergossen wird,
auch zu dir und deinem Nachmittagsschlaf,
worin du ungern gestört wirst.
Wenn es heute nicht kommt, kommt es morgen,
aber sei gewiß.

„Oh, angenehmer Schlaf
auf den Kissen mit roten Blumen,
einem Weihnachtsgeschenk von Anita, woran sie drei Wochen
                                    gestickt hat,
oh, angenehmer Schlaf,
wenn der Braten fett war und das Gemüse zart.
Man denkt im Einschlummern an die Wochenschau von
                                    gestern abend:
Osterlämmer, erwachende Natur, Eröffnung der Spielbank
                                    in Baden-Baden,
Cambridge siegte gegen Oxford mit zweieinhalb Längen, —
das genügt, das Gehirn zu beschäftigen.

Oh, dieses weiche Kissen, Daunen aus erster Wahl!
Auf ihm vergißt man das Ärgerliche der Welt, jene Nachricht
                                    zum Beispiel:
Die wegen Abtreibung Angeklagte sagte zu ihrer
                                    Verteidigung:
Die Frau, Mutter von sieben Kindern, kam zu mir mit einem
                                    Säugling,
für den sie keine Windeln hatte und der
in Zeitungspapier gewickelt war.

Nun, das sind Angelegenheiten des Gerichtes, nicht unsre.
Man kann dagegen nichts tun, wenn einer etwas härter liegt
als der andere.
Und was kommen mag, unsere Enkel mögen es ausfechten."

"Ah, du schläfst schon? Wache gut auf, mein Freund!
Schon läuft der Strom in den Umzäunungen, und die Posten
sind aufgestellt."

Nein, schlaft nicht, während die Ordner der Welt geschäftig
sind!
Seid mißtrauisch gegen ihre Macht, die sie vorgeben für euch
erwerben zu müssen!
Wacht darüber, daß eure Herzen nicht leer sind, wenn mit
der Leere eurer Herzen gerechnet wird!
Tut das Unnütze, singt die Lieder, die man aus eurem Mund
nicht erwartet!
Seid unbequem, seid Sand, nicht das Öl im Getriebe der Welt!

INHALT